珍视孩子的发现

与孩子一同成长

U0890924

主　　编　王　沛

编写人员　王　沛　余　晖　谢　萍

　　　　　刘　洁　张　莉　成　婷

东南大学出版社

SOUTHEAST UNIVERSITY PRESS

·南京·

图书在版编目(CIP)数据

珍视孩子的发现 ：与孩子一同成长/ 王沛主编. —南京：东南大学出版社，2018.12
ISBN 978 - 7 - 5641 - 8154 - 3

Ⅰ. ①珍…　Ⅱ. ①王…　Ⅲ. ①儿童教育—科学教育学—研究　Ⅳ. ①G61

中国版本图书馆 CIP 数据核字(2018)第 286647 号

珍视孩子的发现:与孩子一同成长

主　　编　王　沛
出版发行　东南大学出版社
地　　址　南京市四牌楼 2 号　邮编:210096
出 版 人　江建中
责任编辑　徐　潇　唐　允
网　　址　http://www.seupress.com
经　　销　全国各地新华书店
印　　刷　南京京新印刷有限公司
开　　本　850 mm×1168 mm　1/32
印　　张　6.25
字　　数　140 千字
版　　次　2018 年 12 月第 1 版
印　　次　2018 年 12 月第 1 次印刷
书　　号　ISBN 978 - 7 - 5641 - 8154 - 3
定　　价　25.00 元

用理解给孩子一颗感动的心
用支持给孩子一双创造的手
用赞赏给孩子一双发现的眼睛

做中学 学中做 做中求进步

——陈鹤琴

教育不应当以儿童发展的昨天，而应当以儿童的明天作为方向！

追随孩子的脚步　发现身边的科学

孩子是天生的科学家、发现家，孩子从一生下来，就对外面世界充满了好奇、探究之心，并且常常将这种好奇付诸行动——摸摸、尝尝、掂掂、搅拌、倒进倒出……，积极地尝试、探索和理解周围世界。

一块石头，平庸、不起眼，在草地上静卧了很多年，人们散步、休闲时常常会坐在石头上歇歇脚、看看风景，但从未有人关注过它从哪里来、又要到哪里去。我曾无意在此看到这样两个场景：一位家长带着孩子散步，走到该石头处，孩子在石头上拍、摸、用树枝划圈，又将树叶、草、小花铺满石头，家长在旁边接电话，电话打完后家长未看一眼孩子在干什么，就说走吧，孩子在家长的催促之下，带着恋恋不舍之情跟着家长走了；又有一位家长带着孩子经过看到此石头，孩子绕着石头左看看右看看，家长说："你看什么呢？"孩子说："我想知道石头下面会不会藏有宝贝呢？"家长一脸疑惑："不会吧，孩子，那我们一起来掀开石头，看看下面有什么。"家长和孩子一起努力将石头掀开，在掀开石头的那一瞬间，家长和孩子细细一看，一齐惊呼：哇，太神奇啦！石头下有各种忙碌的小虫子、蚯蚓，不远处还有小蚂蚁的家，小草小树的根盘节交错……，这真是一个神奇的世界，原来石头下面藏着很多我们原先不知道的秘密，家长和孩子在观察、惊喜之余将石头又挪回原处，带着满满收获之情又开始走向远方。对此我不禁感慨万千：一块不起眼、静卧于此的石头原来蕴藏着这么大的能量，反问自己有这样的发现吗？后一位家长和他的孩子虽然是在不经意间发现了石头下面的秘密，但孩子往往就是在这样的不经意间和探究的过程中才收获了更多的惊喜、习得一定的科学经验，更重要的是由此掌握了看待世界的态度和方法，对终身学习和发展意义深远。

春生夏长、秋收冬藏，回忆我们的童年和自己孩子的童年，又有多少惊喜，又有多少遗憾。家长是孩子的第一任老师，家庭是孩子成长的温暖港湾，如何引领、支持、鼓励孩子去发现身边事物的奥秘是每位家长不可推卸的责任。

3 岁前是人一生中发展最迅速、变化最大的阶段，此阶段的孩子主要靠感知和动作来认识周围世界。

幼儿期是人生智力发展显著的时期，对周围世界充满了好奇，对科学活动和一些现象感兴趣，通过感知和依靠表象认识事物。他们不仅喜欢触摸、摆弄、操作，还会提出各种问题，渴望寻求答案，进行探究，在这一过程中来主动建构他们对周围事物的认识。

3—4 岁这个时期孩子的思维正处于直觉行动思维向具体形象思维的过渡阶段，逐步与外界广泛接触，感情经验初步积累，无意注意占主要地位，认知活动基本上是在行动过程中进行的，观察缺少明确的目的性，对事物的感知都是较模糊或局部的，手眼协调能力较弱，观察事物缺乏整体性，随意性，只能简单地、表面化地认识一些周围的事物。

4—5 岁这一阶段孩子以具体形象性思维为主，抽象能力思维开始萌发，好奇好问，对大自然发生浓厚的兴趣，对周围环境的接触范围愈来愈广，各方面能力不断发展，感情经验逐渐积累，求知欲开始强烈，更希望亲自去尝试、去探索。

5—6 岁孩子的视野更加开阔，更加关注自然和社会，探索欲望日益强烈，对比较抽象的现象和问题喜欢去追究，他们热衷于自己参加，亲自动手，观察与实践的方法也日趋复杂和丰富。

孩子有着强烈的好奇心和探究欲望，他们每个人都有一双敏锐的眼睛。他们常常会发现许多科学现象，家长要善于抓住这样的时机，引导孩子通过思考与探究获得相关经验。当然家长未必都能先知，先知更好，不先知可做一个与孩子真正平等的探索者，一起寻找答案，以免错过孩子主动探究的最佳时机。

本书的目的是以孩子生活周围的事物为题材，沿着孩子认知发展历程，结合现代教育观念，以家庭为单位进行亲子共同参与、分享的科学活动及科学游戏，借此激励孩子的创造思考能力，培养其健全理性的人格，并充实家庭的快乐生活。

王　沛

目录

0~3岁

3～4岁

边玩边学 60

4～5岁

案例解读 86

边玩边学

5～6岁

0~3岁

1 我也要吹泡泡

情景回放

豆豆已经 2 岁 8 个月了，一天，他和妈妈蹲在洗澡盆的边上洗玩具，他把一个娃娃家游戏中的塑料茶壶投入到充满泡沫的水中。当茶壶里盛满了水后，泡沫从茶壶的喷口处跑了出来，这时，豆豆大声叫道："茶壶在吹泡泡了！茶壶在吹泡泡了！"妈妈在一旁笑着对豆豆说："我们也来吹泡泡，好吗？"豆豆赶紧点了点头。妈妈拿来了一个小玻璃杯，将里面装满了肥皂水，用一根吸管蘸了一下肥皂水，吸管里"飞"出了泡泡，豆豆喊道："妈妈，我也要吹。"妈妈将吸管给了豆豆，豆豆兴奋地吹着泡泡，妈妈问豆豆："豆豆，泡泡是什么颜色的啊？""嗯……有红色，有黄色，有蓝色，还有……"妈妈说："那是五颜六色……"

焦点扫描

生活即课堂，在我们的生活中，无时无刻不存在着教育。孩子不仅要在学校、课堂、书本上学习知识，更要在日常生活这样一个广泛的领域中，从他们身边所发生的一切现象中学习。家长可以凭借孩子对事物的好奇心和他们强烈的探索欲望，为他们创造条件，和他们一起探究。从上述例子中可以看出，这位妈妈利用孩子对泡沫的好奇心，为他进一步创造探究的机会，在一个宽松的环境中培养孩子从小热爱科学的态度。

教你一招

◇ 当孩子对某一现象感兴趣或有探知欲望的时候，家长应该抓住这一契机，为孩子创造机会和条件，让孩子充分体验探究的快乐。

◇ 鼓励孩子将看到的五彩泡泡画下来并在圆圈上涂色，进一步丰富孩子对颜色的认识；与孩子共同游戏，如参加“谁的泡泡飞得高”等游戏，也可参考本书中《泡泡飞了》进行游戏。

2　我喜欢摸妈妈的衣服

情景回放

贝贝已经1岁半了，近些天来，妈妈发现他特别喜欢摸她身上穿的真丝衬衣，一边摸，一边轻轻地搓。于是她找来了一些质地不同的布料，如棉布、毛料布、绒布、丝绸等，让贝贝摸，可贝贝对此并不感兴趣，怎样才能激发他的兴趣呢？妈妈灵机一动，找来了一个眼罩并戴上，一边摸一边大声地说："这是绒布的玩具，它很粗糙；这是贝贝的棉毛衫，它软软的；这是妈妈的真丝衣服，它滑滑的。"贝贝看着妈妈连忙喊道："妈妈，我也要玩！"于是贝贝就高兴地参与到活动中来了。

焦点扫描

意大利著名幼儿教育家蒙特梭利指出：感官和手能做更高层次的事情。年龄越小的孩子，越是靠身体的各种感官去感知世界的。案例中的这位妈妈抓住了契机，大胆地让孩子通过触摸来感知物体，并以游戏的形式激发孩子参与活动的兴趣，使孩子对周围事物的认识越来越清晰。

教你一招

◇ 对于年龄较小的孩子，家长要抓住生活中的点点滴滴，利用多种形式，鼓励孩子通过自己的各种感官去感知事物。

◇ 将类似的活动进行迁移，如让孩子通过触摸，感知冷热、软硬等，鼓励孩子用语言把自己的感受表达出来，进一步丰富孩子对周围事物的感性经验，也可参考本书中《哪杯水最热》《神秘的口袋》进行游戏。

3　五颜六色的水果汁

情景回放

星期天，爸爸妈妈带 2 岁多的孩子去超市，孩子看到五颜六色的水果汁，吵着要买，爸爸对孩子说："我们回家自己做果汁，好吗？"孩子眨眨眼睛问爸爸："水果汁，我们自己也能做吗？"爸爸笑着点点头说："能。"孩子和爸爸妈妈在超市买了好多水果，有橙子、西瓜、梨子。回到家后，孩子迫不及待地拿出水果，爸爸问孩子："你知道果汁是怎么做出来的吗？"孩子摇了摇头。这时，妈妈拿来了杯子、勺子和切好的橙子片，孩子一看便说："我知道了。"他把橙子片放在杯子里，用勺子用力地压，可是压了半天，只压出了一点汁。爸爸肯定地说："这个办法不错，可是慢了点，我有更好的办法。"说着拿出了榨汁机，告诉孩子："这是榨汁机，把想吃的水果往里一放，按动这个按钮，马上就会有很多果汁榨出来。"爸爸一边说一边操作，不一会儿，一杯橙汁就榨好了。

焦点扫描

福禄贝尔和欧文等人都曾赞美过：孩子只有勤奋的品质，家长可以教给孩子一些简单操作技能，鼓励孩子动手探索，这样才更有利于激发孩子探索的兴趣。由于孩子的心理和年龄特点，他们对周围的一切事物都非常好奇、感兴趣，有着强烈的求知欲，孩子也不例外，他对五颜六色的果汁很感兴趣。从上述案例中可以看出，这对父母充分利用日常生活中的事物与孩子一起进行实际操作，进一步激发孩子的求知欲。

教你一招

◇ 给孩子一个宽松的探究环境，激发他动手动脑的欲望。

◇ 家长可以结合日常生活经验让孩子观察并参与到其中，如拿拿、接接，做一些力所能及的事。

◇ 家长可以引导孩子结合生活经验了解榨汁机还可以干什么（榨菜汁、胡萝卜汁、黄瓜汁等），以便了解现代科技产品给人们的生活带来的便利。有些小型的方便操作的产品可以在成人的帮助指导下，让孩子进行简单的操作，家长与孩子也可参考本书中《好喝的果汁》进行游戏。

4　好看的红颜色

情景回放

妞妞已经2岁6个月了，一天妞妞的舅舅到她家来做客，并带来了很多礼物，有玩具，有吃的……妞妞看中了一袋跳跳糖，跳跳糖里的颜色真多，有红色的，有蓝色的，还有紫色的。妞妞把红色的跳跳糖挑了出来，抓在手上。妈妈走过去问她："妞妞，你为什么把红颜色的糖都拿在手上？"妞妞说："因为它好看。"妈妈接着又问："家里还有哪里是红色的？"妞妞看了看，指着沙发说："这是红色的。"妞妞指着自己的衣服说："我的衣服上有红色。看，小猫的衣服是红色的。"最后，她指着墙上的一幅画说："这个上面有红颜色。"

焦点扫描

在此年龄阶段，孩子主要发展的是感知觉，感知觉也称简单知觉，包括视觉、听觉、嗅觉、味觉、触觉所获得的客观事物的形状、色彩、声音、气味、味道等。视觉的发展占有重要地位，因为眼睛是最主动、最活跃的器官，眼睛里的世界是丰富多彩的。从上述例子中可以看出，这位母亲充分感受到了孩子对颜色的兴趣，并抓住这一机会，从孩子的日常生活出发，启发孩子运用自己的眼睛去感知周围的事物。

教你一招

◇ 孩子对周围世界是充满好奇的，家长关键是要做到正面引导，帮助孩子建构自己的知识结构。遇到上述情况，家长除了让孩子在家里寻找颜色外，还可以带孩子到大自然中去寻找。

◇ 当孩子对颜色有了浓厚兴趣的时候，家长在孩子已认识单色的基础上，进一步丰富他们对其他颜色的认识，可以提供多种颜料、水彩笔、油画棒让孩子涂鸦，感受颜色的丰富多彩，还可参考本书中《好看的气球》《我的玩具真漂亮》等进行游戏。

5　喂小鸽子

情景回放

星期天，爸爸妈妈带2岁半的冰冰到公园去玩，一家人玩得非常高兴。忽然，冰冰看到前面不远处有十几只鸽子在那儿一边觅食一边咕咕地叫着。冰冰兴奋地跑过去，几只小鸽子看到冰冰跑过来，连忙躲到旁边，只有一只最小的鸽子低着头吃着地上的食物。冰冰蹲下来，拾起地上的玉米粒向前一伸，对小鸽子说："小鸽子，你吃呀。"冰冰的妈妈一看，连忙跑过来说："冰冰，这儿太脏了，小鸽子还会啄你的，妈妈带你到儿童乐园去玩。"说完，抱起冰冰向儿童乐园走去，冰冰一边很不情愿地喊着"不嘛，不嘛"，一边恋恋不舍地看着鸽子。

焦点扫描

孩子对周围的事物有着强烈的好奇心，特别喜欢大自然中的一切生命，尤其是动物。他们与动物有着天然的情感联系，爱动物，想去关怀它们。他们在与小动物的接触中，可以通过自己的感知与观察，获得许多相关的经验与信息，从而形成一定的科学思维方法。上例案例中的这位妈妈因为害怕自己孩子受到伤害，遏止了孩子的好奇心和探索事物的欲望，殊不知，这样强行阻止，久而久之会导致孩子养成对一切事物漠不关心的态度。

教你一招

◇ 大自然是天然的教材，蕴藏着科学教育的宝贵资源，作为父母应把握时机利用自然资源，结合孩子对鸽子的关注，适时地渗透科学教育，让孩子在生动的大自然中观察认识鸽子，通过看和想，从而引发孩子对鸽子喜欢吃什么、鸽子生活在什么地方、鸽子与人们的关系等问题的关注研究，使孩子的好奇好问和求知欲得到很好的保护。

◇ 为孩子创造接触大自然的机会，如和孩子共同饲养一些小动物，满足孩子的好奇心，引导、支持孩子去观察探究。

6 西瓜真甜

情景回放

吃过晚饭后，全家人围坐在一起准备吃西瓜，妈妈说：“西瓜是什么样子的？”“圆圆的！”将近 3 岁的星星大声说道。“那你去摸一摸、亲一亲、抱一抱西瓜，再来告诉妈妈你的感觉，好吗？”星星就用手摸摸，用小脸亲亲，发现西瓜滑溜溜的，脸贴在上面真舒服。他又试着去抱西瓜，发现西瓜圆溜溜、很重，一不小心西瓜掉到地上，裂开了一个大口子。星星害怕地看着妈妈，妈妈笑着说：“没关系，我们刚好要吃它呢。”然后妈妈就从裂开的地方切开，让星星看切开的西瓜，看看有什么不一样。星星看到里面的瓜瓤是红色的，上面还嵌着黑的瓜子，靠近瓜瓤的皮是淡绿色的，最外面是较深点的绿色。看过后，妈妈就请大家品尝，星星边吃边说西瓜真甜，全家人都开心地笑了。

焦点扫描

人类智力的发展源于感官接受外界信息的刺激，因此，孩子的学习离不开各种感官，只有在感知觉发展的基础上，方能进一步发展认知，形成概念。从上述案例中可以看出这位母亲是“于无声处细无声”，她没有机械、刻板地对孩子进行感官方面的训练，而是注重联系孩子的日常生活，启发他们运用自己的感官积累生活经验，使孩子的感知觉更精细、更敏锐，对周围世界的认识兴趣越来越浓。

教你一招

◇ 生活即课堂。孩子在观察周围世界的过程中，能认识到自己是用各种感官来认识世界和处理信息的，视觉、触觉、味觉等能发挥很大的作用。所以对于年龄较小的孩子，要结合孩子的日常生活，着眼于孩子生活经验的积累，为孩子创设使用多种感官的机会和条件，帮助孩子充分体验自己感知觉的作用，尝试使用来自感知觉的信息，解决自己生活中的问题。如《西瓜真甜》这个故事的结尾，父母可以将相类似的内容进行知识迁移：甜的东西还有哪些？红的东西还有哪些？同样，也可以让孩子亲自融入现实生活中，让孩子获得新的生活经验。

◇ 感知觉与游戏相结合。新颖、趣味性强的感知觉游戏是孩子们最喜欢也是最易投入的活动之一。如“神秘袋”游戏是把桂圆、蚕豆、核桃、大豆等分别装入小布袋中，让孩子通过触摸将袋内实物与装在小碗中的可见实物进行配对，在轻松、自由、愉快的游戏氛围中训练孩子用触觉感知实物的能力，也可参考本书《趣玩西瓜》进行游戏。

7　苹果核上的蚂蚁

情景回放

大概是苇苇 2 岁半的时候，一天，妈妈带他从超市买完东西回家，看见楼梯的地面上有一个别人吃剩的苹果核，上面爬满了大大小小的蚂蚁。苇苇一看，大声叫起来："妈妈，你看，苹果上面有好多蚂蚁，旁边还有苹果皮，蚂蚁正在搬东西呢！"妈妈一看，不知什么时候被人扔在地上的果核爬满了密密麻麻的蚂蚁，赶紧说："看什么看，脏死了，快回家吧，妈妈还要烧饭呢！"说完，拉着苇苇回家了。

焦点扫描

蒙特梭利认为，唯有通过观察和分析，才能真正了解孩子的内在需要和个别差异，以决定如何协调环境，并采取应有的态度来配合幼儿成长的需要。蚂蚁是孩子们在春天里最感兴趣的小动物之一，上述案例中的孩子已经开始用好奇的目光关注蚂蚁了，这是一个很好的教育契机，可是这位妈妈却没有把握住机会。这样一来，孩子原有的探究欲望得不到满足，逐渐地对周围事物也不再感兴趣，长此以往就会扼杀了孩子好奇的天性。

教你一招

◇ 生活中处处都蕴含着科学现象。让孩子有一双会观察的眼睛,并有机会表达自己的发现,引发孩子探究科学奥秘的好奇心,点燃孩子热爱科学的心灵之火,是每一位家长的责任。所以,家长不要忽视孩子的一举一动,要去观察了解孩子,走进孩子的内心世界,与孩子共欢乐。

◇ 可以和孩子共同探寻蚂蚁生活在什么地方,蚂蚁喜欢吃什么,它的食物有哪些;也可以捕捉一些蚂蚁,用放大镜观察蚂蚁,喂蚂蚁各种食物,从而了解蚂蚁的一些生活习性。

◇ 和孩子共同查阅资料,观看录像,寻找有关蚂蚁的知识,如蚂蚁的种类、家族、本领等。

8　肥皂坏

情景回放

毛毛1岁半时，妈妈给他洗手，可他不愿意，他要自己洗。他拿起肥皂，可肥皂哧溜一下滑了很远，他又追着去抓，可肥皂好像有意跟他捉迷藏似的，不让他抓，毛毛一下子哇哇大哭起来，说肥皂坏。奶奶赶紧抱住毛毛，妈妈拿来红的、绿的、圆的、方的肥皂，毛毛看到这么多有意思的肥皂，这才破涕为笑。妈妈让他去摸一摸，问他："肥皂摸上去的感觉怎样？沾水和没有沾水的肥皂是不是一样的感觉？"然后又让他去闻一闻，并说说是不是一样的味道。在妈妈的引导下，毛毛玩得特别开心。

焦点扫描

孩子接触最多，最能看得见、摸得着的事物是各种材料。任何材料都有颜色、形状、大小、重量、质地等基本特征，让孩子了解材料的性质及其简单的相互关系，有助于孩子更好地游戏、生活、学习。年龄越小的孩子，就越想什么事都自己做，但他们的认知结构和技能水平低，对有些事物不能很好地把握。从上面这个案例来看，这位母亲抓住偶然发生的事件进行教育，引导孩子运用各种感官去感知认识事物，从而了解肥皂的一些基本性质，使孩子的受挫心理得到缓解。

教你一招

◇ 新教育观念倡导让孩子在实践探索中去学习，因此遇到上述情况，家长可以放手让孩子自己去探索，在探索中获得相关的知识经验，若孩子遇到困难，家长可以提供一定的帮助和支持。

◇ 对于年龄较小的孩子，应结合日常生活为孩子创设使用多种感官的机会和条件，帮助孩子积累生活经验，解决生活中的一些问题。如肥皂可以洗手、洗澡、洗衣服等；孩子玩过玩具，手上有油，一定要引导他们用肥皂洗手，洗去手上的细菌，还可以让孩子看看洗过手之后盆中水的颜色的变化。

◇ 感知觉配合一定的游戏，更加有利于调动孩子探索的积极性，如玩肥皂、给肥皂分分家，也可参考本书中《肥皂》进行游戏。

1 追一追

游戏导航

◇ 提高视觉的追踪能力 。

◇ 体验成功的快乐。

玩法指南

1. 家长出示一个拖拉玩具,问孩子这是什么,并告诉孩子这个拖拉玩具想和你做好朋友。

2. 家长牵动拖拉玩具,吸引孩子向前追。

3. 当孩子追上以后,家长让孩子抱一抱玩具。

4. 家长和孩子玩过之后,让孩子牵动拖拉玩具,家长在后面追,注意速度不要太快。

5. 家长可以要求孩子把玩具拖拉到指定的地方,以提高孩子的兴趣。如果拖拉玩具上可以放东西,那就放一些动物玩具,让孩子把动物送回家;也可用拖拉玩具运送食物、衣物、小型玩具等。

友情提醒

◇ 家长牵动玩具让孩子追时，一定要根据孩子的体能状况掌握时间和速度，以免孩子总是抓不住玩具而失去兴趣。

◇ 如果时间和条件允许，家长可以带孩子到室外玩拖拉玩具，感知探索拖拉玩具在光滑的、粗糙的地面或沙地、泥地上所产生的不同效果，调动孩子的视、听、触觉。

◇ 可以邀请其他小伙伴一起玩拖拉玩具。

2 好听的声音

游戏导航

◇ 通过摇易拉罐分辨声音。

◇ 培养听觉能力。

玩法指南

1. 妈妈先准备两个易拉罐，一个装有豆子或米，一个是空的。

2. 妈妈拿起一个空易拉罐夸张地摇，让孩子听听，问："有没有声音？"

3. 妈妈再拿起另一个装有豆子或米的易拉罐摇一摇，让孩子听一听，问："你听到了什么？这个声音好听吗？"

4. 妈妈把两个罐子摇给孩子听，让孩子比较这两个罐子发出的声音，妈妈也可以把易拉罐打开让孩子看看两个易拉罐里装了什么，从而帮孩子弄明白：为什么两个易拉罐会发出不同的声音？

5. 孩子学妈妈的样子反复游戏。

6. 妈妈也可多准备几个装有不同物品的易拉罐，摇给孩子听听,让孩子分辨里面装的是什么,并说一说发出的声音是怎样的。

友情提醒

◇ 装有豆子或米的易拉罐一定要用胶带封好,以免孩子误食。

◇ 对于小一点的孩子,刚开始大人可以握住孩子的手一起摇易拉罐。

◇ 易拉罐里装的东西最好多样,除摇一摇外,还可以将易拉罐放在地上滚一滚。

3 小铃铛响

游戏导航

◇ 通过感官获得对身体的认知，体验活动乐趣。

玩法指南

1. 将一串小铃铛系在孩子的小脚上。

2. 爸爸妈妈轻轻拍打小铃铛，使其发出声音，让孩子说一说："小铃铛怎样响的？"并让孩子模仿小铃铛发出的声音。

3. 鼓励孩子自己摆动双脚，让小铃铛发出声音。

4. 爸爸妈妈可以摇和拍，让孩子辨别小铃铛发出的不同声音，并让孩子模仿，以增强孩子活动的兴趣。

友情提醒

◇ 铃铛系在孩子的脚上，会发出声音，家长可以问问孩子："宝宝，是哪儿有响声啊？"

◇ 也可将小铃铛分别系在宝宝的手上、腿上、膀子上，帮助孩子进一步获得对身体的认知。

◇ 家长也可和孩子玩捉迷藏的游戏，一方躲起来摇或拍小铃铛，另一方找一找对方藏在什么地方。

4 听听，我是谁？

游戏导航

◇ 认识并能辨别不同的声音。

◇ 培养听觉能力。

玩法指南

1. 家长为孩子准备各种乐器或是能发出不同声音的东西。

2. 用纱巾蒙住孩子的眼睛，以不透光为准。

3. 家长分别敲击乐器，让孩子说说是什么乐器，并模仿乐器发出的声音。

4. 请孩子敲一敲、拉一拉、学一学乐器所发出的声音。

友情提醒

◇ 家长在玩游戏前，让孩子先认识这些乐器，听听它们的声音。

◇ 也可在平常生活中，利用身边的材料让孩子敲一敲、辨一辨来区分各种材料发出的声音。

5　泡泡飞了

游戏导航

◇ 用喜欢的颜色画泡泡，认识红、黄、蓝几种颜色。

玩法指南

1. 家长可以和孩子在阳光下玩吹泡泡的游戏，让孩子看看泡泡在阳光下的颜色是什么样的，然后提问："泡泡都是一样大小吗？"

2. 为孩子提供画有圆圈的作业纸，让孩子动脑筋想想怎样使它变成美丽的泡泡。

3. 鼓励孩子用喜欢的颜色在画好的泡泡上涂色，教导孩子在涂色时要仔细、认真、耐心。

友情提醒

◇ 家长教会孩子运用正确的握笔（油画棒、彩色铅笔等）姿势进行涂鸦。

◇ 孩子在涂色时，家长可以在一旁提问："宝宝，这是什么颜色的泡泡？"以此巩固孩子对颜色的认识。

6 好看的气球

游戏导航

◇ 能区分红、黄、蓝等颜色，能大胆选用颜色进行涂鸦。

玩法指南

1. 家长可以给孩子买来红、黄、蓝、绿 4 种颜色的气球，孩子玩气球时家长问："这是什么？""这是什么颜色的气球？"(红色)

2. 出示画有 4 个气球的白纸，让孩子动脑筋想想怎样使它变成美丽的气球。

3. 让孩子为纸上的气球涂颜色，注意涂色时要耐心、认真、仔细，鼓励孩子运用多种颜色进行涂色。

4. 孩子涂完后可以让孩子在家里开"美丽的气球"画展，也可邀请其他亲戚或小朋友参加。

友情提醒

◇ 家长鼓励孩子大胆作画，也可提供多种颜料让孩子用纸团印画、汽车轮子(圆筒)滚画、蔬菜水果印画等，以提高孩子的兴趣。

◇ 家长可以在户外、室内和孩子一起玩找颜色的游戏，进一步提高孩子对颜色的辨别能力。

7　头发　肩膀　膝盖　脚

游戏导航

◇ 熟悉自己身体各个部位的名称。

◇ 体验和爸爸妈妈共同游戏的快乐。

玩法指南

1. 家长以游戏的口吻和夸张的身体动作念儿歌：

头发肩膀膝盖脚，膝盖脚，膝盖脚；

头发肩膀膝盖脚，眼睛耳朵鼻子嘴。

2. 家长表演念儿歌的时候，用手指到相应的位置。

3. 家长和孩子一起边念儿歌边做相应的动作，也可改变儿歌的速度，谁指错了地方就要被刮一下鼻子，以增强游戏的趣味性。

4. 当孩子比较熟悉儿歌后，家长可以在念到某一地方时只做动作，让孩子说出它们的名称。

友情提醒

◇ 待孩子熟悉儿歌后，教孩子将身体的其他部位替代脸上的五官做游戏。

◇ 也可邀请其他小朋友一起参加,看谁做得又快又对。

◇ 运用歌曲的形式边唱边做相应的动作。

1=c 2/4

5 6 5 4|3 4 5|2 3 4| 3 4 5| 5 6 5 4| 3 4 5| 2 2 5 5| 3 3 1||

头发 肩膀 膝盖 脚 膝盖 脚,膝盖脚;头发肩膀 膝盖 脚,眼睛 耳朵 鼻子嘴。

8　小鼓响咚咚

游戏导航

◇ 感知小鼓会发出“咚咚咚”的声音。

◇ 培养听觉能力。

玩法指南

1. 家长为孩子准备一个小鼓。

2. 爸爸妈妈敲打小鼓，问孩子：“这是什么？你听到了什么声音？”教会他说：“咚咚咚，我的小鼓响咚咚。”

3. 爸爸妈妈和孩子一起打鼓，爸爸妈妈先敲两声，让孩子也试着敲一敲，等孩子熟悉后，孩子敲几下，爸爸妈妈敲几下，边敲边说：“我的小鼓响咚咚。”

友情提醒

◇ 爸爸妈妈先跟着孩子打鼓，等孩子熟悉以后，爸爸妈妈先敲，孩子跟着敲。

◇ 也可运用周围生活中的一些物品、材料，让孩子去敲一敲、听一听、说一说，区分它们发出的声音，以提高孩子听辨声音的能力。注意点：一是要在环境允许的情况下；二是不能损坏物品；三是注意孩子的安全。

9 我的玩具真漂亮

游戏导航

◇ 认识红、黄、蓝三种颜色。

游戏指南

1. 家长为孩子准备分别带有红、黄、蓝三种颜色的玩具，并问问孩子："这里有几个玩具？它们是什么玩具，叫什么名字？你玩过吗？怎样玩的？"家长可以和孩子一起玩。

2. 玩过以后，家长可以提问："这些玩具的颜色一样吗？有什么颜色？你能说出来吗？"鼓励孩子说出颜色，如果孩子一时说不出来，家长可以提醒一下。

3. 让孩子在自己的身上找这三种颜色，并分别说出它们的名称。

4. 让孩子在家里分别找一找红、黄、蓝三色，孩子说对了，家长就给予表扬或亲吻孩子。

友情提醒

◇ 当孩子在家中全部找对颜色以后，家长可以带孩子到外面找一找这三种颜色。

◇ 孩子能正确认识这三种颜色后，可以再让孩子去寻找类似色或其他颜色。

◇ 家长可提供一些颜料或蜡笔、水彩笔让孩子涂涂画画，以巩固其对颜色的认知。

10 神秘的口袋

游戏导航

◇ 激发参与活动的兴致。

◇ 发展感知觉。

游戏指南

1. 爸爸妈妈准备一个大口袋，当着孩子的面把所有的玩具都放入大口袋中。

2. 请孩子闭上眼睛，将手伸进口袋中抓一样东西，并用手摸一摸，然后说出它的名字，再把它拿出来，看看摸的和说的是不是一样。

3. 当孩子说对了以后，爸爸妈妈要给予表扬，贴红五星或亲一亲孩子。

友情提醒

◇ 刚开始游戏时，为了提高孩子的兴趣，可以大人玩一次，孩子玩一次。

◇ 当孩子都能把口袋里的物品说对了以后，爸爸妈妈可以把玩具换成各种水果。

11 猜猜我是谁

游戏导航

◇ 通过听,辨别是谁的声音。

◇ 培养听觉能力。

游戏指南

1. 让孩子站在门里边,爸爸妈妈依次站在门外边,说:“猜猜我是谁?”让孩子说出是谁。

2. 爸爸妈妈可以变换声音让孩子猜猜,如猜对了可以奖励孩子一次。

3. 爸爸妈妈可以学小动物的叫声让孩子猜猜,如家长学小狗的叫声“汪汪汪”。

4. 可以请爷爷奶奶等家庭其他成员参与,也可邀请其他小朋友参加,增加游戏的气氛。

友情提醒

◇ 当孩子熟悉后,就会对游戏失去兴趣,爸爸妈妈可以将家庭成员的声音录制下来，让孩子听录音辨别声音。

◇ 家长平时可以有意识地带孩子到自然界或周围环境中去听听各种声音，也可把一些声音录制下来，如小鸟的叫声、刮大风的声音等，让孩子听一听，感受各种声音的美妙。

12　我的鼻子真能干

游戏导航

◇ 用鼻子闻一闻，记住几种液体的名字。

◇ 培养嗅觉的灵敏性。

游戏指南

1. 家长让孩子闻一闻经常接触的带有气味的几种物品，说一说它们的气味，如孩子平时搽的护肤霜，吃的面包、橘子等。

2. 家长将几种气味明显的液体，如风油精、香水、酒、醋等，分别装在几个同样大小、不透明的瓶中，让孩子一样一样地闻，说一说闻到的是什么气味，并分别说出液体的名字；还可以问问孩子是否喜欢这种气味，为什么。

3. 家长和孩子一起来认识这几种液体，可以说说它们的用途。

4. 家长说出其中一种液体，让孩子通过闻来找到相应液体。

友情提醒

◇ 对一些难以记住的液体，家长可以让孩子反复练几次。

◇ 可以用多种气味让孩子去辨别,以进一步提高孩子的嗅觉能力。

◇ 告诉孩子有些气味不能去闻,要避开、远离它,如比较呛人、有毒的气味(煤气等),并教育孩子闻到刺鼻气味时要用手捂住口鼻眼,赶快离开,走到比较远的地方。

13　好喝的果汁

游戏导航

◇ 通过品尝几种果汁，说出它们的名称，发展味觉能力。

游戏指南

1. 家长为孩子准备好几杯果汁，如苹果汁、梨汁、橙汁等。

2. 孩子喝果汁时，家长告诉孩子这些果汁的名称。

3. 孩子一边喝一边说出果汁的名称。

4. 家长也可用新鲜的水果，清洗干净后用榨汁机榨汁，让孩子观察果汁的颜色，品尝果汁，说出果汁的味道，进一步提高孩子的多种感知觉能力，还可用新鲜的蔬菜榨菜汁。

友情提醒

◇ 在此基础上，家长还可以提供一些其他味道的水，让孩子品尝，如糖水、盐水、醋水等，或是一些菜汁，如胡萝卜汁、西红柿汁等。

◇ 教育孩子不要随便饮食，要征得家长的同意。

◇ 家长要把家中吃的食品和用的药品、药水，摆放在孩子接触不到的地方；平时用药和吃药的时候可以有意识地告诉孩子这些药品的功能以及它们的危险性。

14　哪杯水最热

游戏导航

◇ 通过触摸,提高触觉能力。

玩法指南

1. 爸爸妈妈为孩子提供冷、温、热三杯不同温度的水。

2. 爸爸妈妈可以让孩子先猜一猜哪杯水热,哪杯水冷,并问问孩子是怎么知道的。

3. 让孩子观察三个杯子,问:“三个杯口是不是都在冒热气?”家长也可以握住孩子的手腕把手放在离杯口上方1～2厘米的地方,逐一感受水的温度。让孩子区分哪杯是冷水,哪杯是温水,哪杯是热水,并说说自已的感受。

4. 爸爸妈妈让孩子用手摸一摸,以区分哪杯水热,哪杯水冷。

友情提醒

◇ 家长为孩子提供的水不宜过烫。

◇ 家长平时教育孩子不要去玩饮水机或热水瓶的盖子,以免烫伤;热水瓶要放在孩子接触不到的地方,以免孩子碰翻,烫伤孩子。

15 趣玩西瓜

游戏导航

◇ 发展多种感知觉。

玩法指南

1. 游戏开始,全家人围坐在一起,和孩子一起猜谜语:

外面是绿的,里面是红的,吃在嘴里是甜的,吐出来的是黑的。

(谜底:西瓜)

2. 吃西瓜时,指导孩子观察西瓜的外形特征,要求孩子从西瓜的外形、颜色、滋味等方面运用自己的视觉、味觉、触觉、嗅觉来观察感受。

3. 把西瓜的瓤挖掉,皮削去,只剩下淡绿色部分,把它切成薄片,分装入盘,和孩子一起动手分别拌上糖、醋、盐等。请孩子闭上眼睛,尝一尝、闻一闻、猜一猜是什么味道,说一说用了什么调味品。

4. 做西瓜帽。把西瓜切成两半,瓤全部掏空,汁水擦干后可以让孩子戴在头上,让孩子说说感觉。(比较清凉)

5. 西瓜船。可以把半个西瓜口朝上放在桶里让孩子看看是沉还是浮，再在里面装一些塑料玩具玩西瓜船运货游戏，也可用它当瓢玩水。

友情提醒

◇ 该活动应在比较宽松、愉快的气氛中进行。

◇ 几个值得推荐的活动：① 种植活动。把西瓜瓤掏空填一些泥土，可以是半个或整个西瓜，将西瓜籽埋入泥土中，进行种植活动，提醒孩子经常去看看有没有发芽。注意不要把土扒开。② 粘贴活动。年龄大的孩子可用西瓜籽粘贴各种图形，年龄小的孩子可先让他粘贴局部。

16 肥皂

游戏导航

◇ 运用各种感官感知肥皂的主要特征及用途。

◇ 在吹泡泡的活动中,激发探索兴趣。

玩法指南

1. 将肥皂放在不透明的盒子内让孩子摸一摸、闻一闻,猜一猜是什么。

2. 将肥皂展示给孩子,让孩子观察肥皂是什么形状的、有什么颜色,闻起来有什么气味。

3. 让孩子用沾湿的手去摸摸肥皂,肥皂摸起来有什么感觉?(滑滑的)让孩子用手去抓肥皂,看能不能抓住?(很滑,抓不住)再让孩子用手搓一搓,会发现什么?(泡沫)

4. 选择孩子玩过玩具后手比较脏时,在孩子手上擦上肥皂,并要孩子搓一搓双手,然后在盛有清水的盆内洗手,观察水有什么变化。(变黑)可见肥皂具有去污的作用。

5. 提供一个装有肥皂水的脸盆,把比较粗长的吸管伸到肥皂水里吹气,让孩子观察盆中出现了什么。孩子会发现泡泡在不断地向外冒。也可让孩子用吸管蘸上肥皂水吹一吹，体验吹泡泡的乐趣。

友情提醒

◇ 提醒孩子肥皂水不能放在嘴里，更不能咽进肚子里。

◇ 注意肥皂水不能洒出来，如果不小心洒出来，也不能去踩踏，以免滑倒发生危险。

◇ 如果孩子大了，可以进行肥皂的分类，了解肥皂还有什么作用。

3~4岁

1　花生米的保护衣

情景回放

3 岁的小龙最爱吃花生米了，每次妈妈总是买回加工好的花生米，或炒或煮。近来，恰逢花生上市的季节，妈妈买回一包带壳的花生，小龙可是从来没有见过，就问妈妈："妈妈，这是什么呀？"妈妈笑着说："你自己把它打开来看看。"小龙剥开花生壳，叫了起来："妈妈，这不是我吃的花生米吗？""是呀，那它外面怎么会长这个东西呀？""这个是花生壳，它硬硬的，就像花生米穿了一层衣服，是在保护它呀！"孩子听了妈妈的话似懂非懂。

焦点扫描

3～4 岁，孩子正处于直觉行动思维阶段，对事物的认识受到直接经验的影响。从上面这个案例我们可以看出，该母亲对孩子的疑问没有用直接告知的方式把知识强加和灌输给孩子，而是给孩子提供发现的机会，让他自己在看一看、剥一剥的感知体验中发现花生米外面有一层壳,从而修正原有的认识。

教你一招

◇ 科学知识的获得来不得半点虚假,遇到此类情况,如若孩子可以动手操作,则不要急于告诉孩子答案,而应让孩子去探索、去发现,从而寻找到答案。

◇ 倡导结果反馈式的调节方式。家长不直接告诉孩子对错,而是通过孩子自己操作的结果来调整认识。

◇ 为了进一步激发孩子的探究兴趣,家长应有意识地从孩子的兴趣点出发引导孩子,可以从以下方面进行:① 寻找哪些果实有壳,再延伸到哪些果实还有保护层。② 从大自然当中探究动植物是怎样保护自己的或它们身体的某个器官是怎样自保的,从而寻找科学方法,进一步了解事物,激发孩子的好奇心,也可参考本书《剥花生》进行游戏。

2 不一样的兔子眼睛

情景回放

星期天终于到了,3 岁 5 个月的欣欣缠着妈妈给她买小兔子,说是带到幼儿园给大家看。妈妈被缠得没办法,心想:这小丫头还挺关心班级呢,带她去吧。于是,母女俩高高兴兴地来到宠物市场,妈妈帮欣欣选了两只兔子,一只灰的、一只白的,欣欣甭提有多高兴了,回到家马上就拿青菜叶子去喂它们,一步不离地蹲在旁边看。突然,欣欣像发现了“新大陆”一样喊道:“妈妈,你快来看呀!这两只兔子的眼睛怎么不一样呀?”妈妈跑过来一看,果然,白兔的眼睛是红色的,灰兔的眼睛是灰色的。“咦?真的不一样!不过妈妈也不知道,明天我们去问老师,好吗?”欣欣点点头说:“好吧。”

焦点扫描

孩子在生活中会提出各种各样的问题,这些问题既是孩子求知的表现,又是现有认知水平的反映,可以这样说,问题是激发孩子主动学习的先决条件。从古至今兔子是红眼睛已形成了定势,孩子的发现打破了原有的认知结构,引发了新的认知冲突。对此,这位母亲观察后，并没有否定孩子的发现，而是引导孩子向老师请教，无疑为孩子在求知过程中又导引了一条方法之路。

教你一招

◇ 孩子是理论家，也是实践家，喜欢向原有的知识提出挑战。无论孩子提出了一个无法直接探究的问题，还是家长无法给孩子正确答案的问题，家长最好都建议孩子通过多种渠道获得答案，如向老师、专家请教，向书本请教。

◇ 在寻找答案的过程中遇到了困难，不懂得怎样利用资料获取信息，家长不能放弃引导，应帮助孩子学会收集相关信息，提供相应的学习资料，引导孩子在分析资料的过程中学会使用资料。

◇ 家长要细心观察孩子的反应，耐心等待，因为孩子从发现问题、提出问题到找出问题的答案，可能会经历一个漫长的过程，但是，孩子从中获得的经验将会长久地保留在记忆中。

3　我的冰棒不见了

情景回放

3岁8个月的会会从冰柜里拿出一根冰棒，刚想吃上一口，门口邻居家小朋友嘉嘉就来喊他："会会，我们出去玩一会吧！""好！"会会一听连忙放下手中的冰棒，对妈妈说："妈妈，你帮我拿一下，我玩一会儿就回来。"妈妈笑着摇了摇头，说："这孩子，就知道玩。"于是顺手就把冰棒放进了小碗里……会会满头大汗地跑回来后，问妈妈："妈妈，我的冰棒呢？""在小碗里呀。""没有呀，只有一根冰棒棍。"妈妈走过来对会会说："刚才冰棒放在碗里，外面比较热，冰棒就化成水了。"会会似懂非懂，问："妈妈，它为什么会化成水呢？"于是，妈妈拿出一根冰棒和会会一起做"冰化成水"的实验，最后，妈妈把化成水的小碗又放进冰箱冷冻室，告诉会会等会儿再看看会发现什么。

焦点扫描

孩子对事物及其关系的认识不仅要借助于直接的操作材料，而且要有相关经验后才能有所概括，并内化为认知结构的一部分。从上述案例可以看出，这是一次随机教育，这位母亲抓住并利用了日常生活中的教育时机，通过小实验，让孩子获得冰吸热融化，遇冷又会结成冰的相关知识和经验。

教你一招

◇ 科学教育不仅仅是让孩子获得有关的知识经验，更重要的是用于解决日常生活中的实际问题。遇到问题时，家长要做有心人，利用唾手可得的材料和便利场所引发孩子观察、思考，从而获得科学获取知识的方法，对孩子来说真是受益匪浅。

◇ 新教育观念倡导让孩子在实践探索中学习，所以应让孩子发现他们自己能发现的东西，成人不要把知识强加和灌输给孩子。

◇ 为了使孩子在与材料互动的过程中主动获取知识、建构知识，家长应提供给孩子适宜的机会与场所，鼓励、支持孩子去探究，可参考本书《彩色冰灯》进行游戏。

4　小蚂蚁抬蛋糕

情景回放

3 岁半的宁宁蹲在自己家门口,出神地盯着地上自己刚才吃撒的蛋糕屑,原来一只小蚂蚁正围在它旁边,他赶快喊来妈妈:“妈妈,你看这只蚂蚁在干什么呀?”妈妈说:“你自己看吧。”宁宁继续看,蚂蚁围在蛋糕屑周围绕了好几圈,跑走了。“妈妈,蚂蚁跑走了,它怎么不吃蛋糕呢?”妈妈说:“你再看看。”不一会儿,宁宁看见一大群蚂蚁向蛋糕爬过来,转眼间,它们已经把蛋糕抬起来,一起往前走去……

焦点扫描

每一个孩子都是天生的探索者,他们的那双敏锐的眼睛无时无刻不在探索和发现着周围变化的事物和有趣的现象。从上述案例来看,这位母亲看似不经意的两句话,无疑是孩子向前探索的助燃器,点燃了孩子探索的火花,孩子可能一时不明白这里面的科学道理,但会带着这样的问题在今后的活动中不断探索和学习。

教你一招

◇ 在一日生活中抓住孩子关注的问题和时机,引导幼儿通过自己的观察和发现得出结论,该家长的做法不失为一种好的方法。

◇ 知识的获得不都是直接获得的,有些是借助于一定的资料,如第一只蚂蚁为什么围着蛋糕屑绕了几圈,又跑开来呢?通过查阅资料,知道蚂蚁传递信息的方法和分工不同。

◇ 家长和孩子一起做些小实验,如喂蚂蚁,探究蚂蚁喜欢吃什么,蚂蚁如何走迷宫和蚂蚁怎样过河等。通过实验让孩子运用自然结果的反馈,主动地建构认知,这对孩子学习科学并获得可持续发展的能力是非常有益的。

5　慢慢爬着的蜗牛

情景回放

3 岁 11 个月的牛牛很喜欢小动物，平时看见什么小动物都喜欢摆弄摆弄。这天，牛牛看见自家花盆里有一只蜗牛在爬，便蹲在那儿好奇地看着，他看见蜗牛从壳里爬出来，慢慢地爬着，便大声地问妈妈："妈妈，你快来看，这是什么呀？"妈妈没理他，他一把抓起蜗牛想看个究竟，谁知刚拿起来，蜗牛就不见了……这时候妈妈刚好从房间里走出来，看到这个情形，赶忙说："哎呀，刚给你洗过手，你又去碰这些脏东西，快丢掉！"

焦点扫描

孩子的天性有一种喜爱、亲近动物的倾向，在孩子的思维中，往往会把动植物当作有生命的个体，本文中的牛牛看到会动的蜗牛时，就想看个明白，可牛牛妈妈过于粗暴的做法扼杀了孩子的天性和探索的欲望。

教你一招

◇ 孩子对不常见的动植物会有好奇心，因此成人要引导孩子认识各种动植物，拓展孩子的视野。家长不妨和孩子一起到图书馆借阅有关小动物的知识图书或故事书，增长见识。

◇ 寻找小蜗牛，帮助孩子建构有关蜗牛的小知识，说说在什么地方可以找到蜗牛。饲养小蜗牛，观察小蜗牛喜欢吃什么、怎样爬行，还可以做些小实验，如本书中的《蜗牛大力士》。

6　我给小猫刮胡子

情景回放

爸爸对着镜子正在刮胡子,将近 4 岁的小小好奇地问:“爸爸,为什么你要刮胡子?”“胡子长了不好看的。”“那笨笨的胡子也长了,我也要帮它刮一刮。”(笨笨是小小家养的一只小猫)“笨笨的胡子不能刮,它的胡子和爸爸的不一样。”爸爸因为要赶着出去,没时间和小小多说。晚上,爸爸回来了,妈妈正在厨房里忙着做菜。“小小呢?”爸爸打开小小的房门问。小家伙正拿着玩具相机给剪了胡子的小猫照相呢!“爸爸,你看,小猫没有了胡子也很好看啊!”小小以为爸爸会表扬他的杰作。“你怎么不听我的话!我不是说过不许的吗!”爸爸非常生气,还打了小小屁股几下。小小很委屈,他不知道为什么爸爸可以刮胡子而小猫却不可以。

焦点扫描

幼儿天生是充满好奇、善于模仿的,父母的一举一动,尤其是那些固定的行为习惯,都会成为孩子学习的范例。小小的爸爸并没有告诉小小为什么不能替小猫剪胡子,命令式的“不许”只会加重小小的好奇心、模仿欲。当小小犯了错误以后,爸爸对小小粗暴的态度让小小心中感到很委屈。长此以往，小小在性格上，要么变得唯命是从，不明就里地服从，要么变得叛逆，喜欢与家长的话背道而驰。

教你一招

◇ 遇到这种情况，你可以告诉孩子小猫的胡子不仅仅是为了美观，还可以帮助它夜间探路、平衡身体，准确地逮到老鼠。对小猫来说，胡子是有很大用途的，家长要让孩子清楚为什么不能损坏小猫胡子的原因。

◇ 家长还可以和孩子一起翻阅书刊，进一步了解小猫胡子的作用，其他动物还有没有胡子，且它们的胡子又有什么作用。

◇ 如果孩子还是想去做，那就把“给小猫剪胡子”当作一次实验。在不涉及安全问题的情况下，让幼儿通过实践来验证，发现不可以剪小猫胡子的原因。

7　会变颜色的小雪花

情景回放

寒冬，外面下起了大雪，3 岁 6 个月的多多开心极了。他趴在窗台上，伸着小手去接小雪花。雪白的小雪花真好看，多多欣喜地数着："一瓣、两瓣……"可是没一会工夫，小雪花化成了水。"咦，小雪花怎么会变颜色啊?"多多关上窗户，跑去问妈妈："雪花是白色的，怎么没有变成白颜色的水呢?"这个问题可把妈妈给难住了，妈妈又不想说自己不会，于是随口说："嗯，小雪花是会变颜色的。"多多得到了妈妈的回答，好像发现了"新大陆"一样高兴，又跑到窗前去看小雪花，一边看着雪白的雪花一边说着："哦，小雪花会变颜色呢！"

焦点扫描

幼儿期可以让幼儿掌握一些简单易懂的科学常识，但前提是必须正确。妈妈敷衍了多多的提问，她觉得这种幼稚的问题以后多多会明白的。妈妈的做法破坏了科学的严谨性，久而久之，会让多多在成长的过程中也失去了严谨的习惯。作为成人，应当重视与正视幼儿的问题，这也是对幼儿好奇心与探索欲的一种保护。

从上述案例中可以看出，妈妈不仅给了多多一个错误的概念，而且也忽略了多多的探索欲。

教你一招

◇ 对于自己难以立刻回答的问题，可以鼓励孩子和家长一起去寻找答案。

◇ 对于孩子的提问，家长不要视而不见、听而不闻，一定的表扬与赞赏对孩子来说是种鼓励，可以激发他们勤于思考，不断提出新的问题。

◇ 有的问题孩子还难以理解，作为家长，可以给其深入浅出的解释，并给其留有悬念，让其以后继续探索。

8　棒棒糖沉下水了

情景回放

大概是文文 4 岁的时候,爸爸妈妈带她到公园去划船。文文手中的棒棒糖不小心掉进了水里,一会儿便不见了,她问妈妈:“我的棒棒糖呢?”“棒棒糖沉下去了,下船后妈妈再买一个给你。”“它怎么会沉下去呢?”“因为它重呀!”“我们也很重,怎么没有沉下去呢?”“因为我们坐在船上。”“船为什么不会沉呢?”“傻瓜,船又没有洞,怎么会沉? 别瞎说了,再说沉呀沉的,下次不带你来划船了。”

焦点扫描

兴趣是孩子探索周围世界主动获取知识的内在动力。从上述案例可以看出这位母亲缺乏一定的教育机智,没有洞察孩子的内在需要,认为只是孩子的童言稚语。这样一方面打击了孩子的积极性和探究欲望,另一方面孩子害怕家长以后不带她出去玩,就会缺乏关注周围事物和现象及探究的兴趣和动机。

教你一招

◇ 孩子是在与周围事物相互作用下不断获得知识,遇到此类情况时，家长可以建议孩子观察棒棒糖怎样沉入水中，而船与水的接触面是多大，在观察中产生新的问题，积累新的知识经验。

◇ 当家长面对无法通过观察而获得解释的问题时，应把孩子引向图书，带孩子一同在书中寻求答案，使孩子在获取知识的同时，感受到书对人产生的影响。

◇ 在平时的活动中，家长可有意识地与孩子进行一些小实验，如沉与浮，改变物体的形状就可使之沉或浮，也可参考本书《沉船》进行游戏。

1 沉船

游戏导航

◇ 认识到“沉船”现象与物体重量有关。

玩法指南

1. 爸爸妈妈用一个泡沫快餐盒当小船，把它放在一盆水中，让宝宝观察小船是沉在水里还是浮在水上。

2. 家长告诉孩子小船上要装石头，并和孩子一起往小船里一块一块地放小石头，让孩子观察小船慢慢发生了什么变化，（沉下去）让孩子思考小船为什么沉到水里去了，让孩子理解船的沉与浮和船上所载物品的重量有关。

3. 家长可以和孩子一起玩把船浮起来的游戏。先让孩子想一想：船沉下去后怎样使它浮起来？如果孩子暂时不理会，可以让孩子回忆一开始船浮在水上的经验，帮助孩子进一步理解船的沉与浮和船上所载物品的重量有关。

友情提醒

◇ 提醒孩子一块一块地把石头放在小船里，还可以用油泥替代石头。

◇ 提醒孩子不能将石头放入口中，并将石头洗干净。

2　会在水上“跳舞”的气球

游戏导航

◇ 感知、了解沉浮；乐于参与游戏，体验活动的乐趣。

玩法指南

1. 将一只充满气的气球放入水中，告诉孩子气球要在水上“跳舞”了。

2. 用力将气球按在水里，松手时，气球会弹上来，像是在“跳舞”。

3. 家长和孩子一起玩一玩“气球跳舞”的游戏。

4. 将充满气的气球放在水面上，然后将扎气球的绳子拿掉，直至气球沉到水里，让孩子看看气球怎样了，为什么会这样。让孩子知道充满气的气球里有空气，会浮在水上，而把气放掉，气球里没有空气了，就会沉到水里。

友情提醒

◇ 此游戏适合在夏季进行。

◇ 在此游戏的基础上，家长可提供不同重量的物体，引导宝宝观察为什么有的物体会浮起来，有的物体则会沉下去。

3 踩影子

游戏导航

◇ 认识影子，体验与父母一起进行游戏的快乐。

玩法指南

1. 父母带着孩子一起到室外找影子，观察阳光下哪些物体有影子，看看影子是不是一样的。对照具体的物体让孩子比较，知道影子和物体基本上是相似的，影子都是黑色的。

2. 父母和孩子在阳光下一起找一找自己的影子，比较影子和人是不是一样的，或有什么地方不一样？通过比较，让孩子知道每个人都有影子，但影子是人的一个大概轮廓，具体的地方不会显示出来，如眼睛、鼻子或哭和笑的表情等，不管穿什么颜色的衣服，影子都是黑色的。

3. 父母带着孩子随意走一走，让孩子看看影子有没有走，让孩子知道影子和人是连在一起的。

4. 父母与孩子玩“踩影子”的游戏。父母在前面走，孩子在后面踩影子，如踩到就算胜利。根据孩子的兴趣可以继续玩，也可互换角色玩，以孩子不出汗、不感到累为宜。

友情提醒

◇ 父母动作不宜太快,尽量让孩子体验成功与满足。

◇ 平时,父母可以引导孩子观察自然界中哪些物体有影子,这些影子是什么样的,哪些物体的影子不是很明显(透明的)。家长还可以有意识地引导孩子观察一天中不同时间影子的变化。

4 奇妙的口袋

游戏导航

◇ 发展感知觉,培养细致的观察力。

玩法指南

1. 告诉孩子:今天要玩一个好玩的游戏,叫"奇妙的口袋"。

2. 展示准备好的物品,让孩子说出它的名字和样子,用手摸摸并讲讲它们的样子。

3. 当着孩子的面把物品放入袋子,再让孩子把手伸进口袋里抓住一样东西,摸一摸是什么,说出它的名字,然后把它拿出来,看看说得对不对。

友情提醒

◇ 先让孩子挑两三样东西放入口袋,然后再多放些物品进去,增加游戏难度。

◇ 让孩子按成人的要求摸出相应的东西,这样玩的难度增大,由易到难。

◇ 为了提高孩子的兴趣,也可采用孩子摸一次,爸爸妈妈各摸一次的玩法。

5　剥花生

游戏导航

◇ 培养感知觉、观察能力。

◇ 探索剥花生的方法，体验动手操作的乐趣。

游戏玩法

1. 父母将剥好的花生米(提供生的和熟的)给孩子品尝，要求说出味道。

2. 观察花生宝宝和花生宝宝的家。① 先观察带壳的花生是什么样的：有的大，有的小，有的长，有的短。再让孩子摸一摸、按一按，花生的外壳是什么样的——不平，壳上有一个一个小坑，比较硬。② 父母有意识地挑选里面有一个、两个甚至三个花生米的花生，让孩子观察，然后剥开，让孩子知道每个花生壳里藏了不一样多的花生宝宝；再观察花生米，说说它的颜色、形状；还可以让孩子把花生米上的皮去掉，看看里面的颜色又是怎样的。最后看看外壳，让孩子想想外壳像什么。让孩子知道这是花生米的家，壳是用来保护花生宝宝的。

3. 让孩子自己尝试剥花生的方法，感知花生的外形特征。

4. 品尝孩子自己剥的花生，说出花生的味道。

友情提醒

◇ 孩子剥花生有时会用脚踩，父母不要立刻否定他的做法，而要鼓励他用更好的方法。

◇ 适当提供一些剥花生的工具，如积木、小锤、核桃夹等，让孩子更快获得成功的喜悦。

◇ 把花生和其他果壳类食物放在一起，让孩子品尝区分。

6　藏猫猫

游戏导航

◇ 增强对家庭成员的熟悉度,增添家庭和乐的气氛。

◇ 体验藏和找的快乐。

玩法指南

1. 在家里爸爸(妈妈)藏起来,让孩子来找爸爸(妈妈)。开始玩时,可帮助孩子找到藏身之处;孩子找不到父母时,父母可学动物的叫声作提示。找到后,父母可以亲一亲、抱一抱孩子。

2. 辨认过几次后,家长和孩子交换藏和找的角色,再进行游戏。

3. 爷爷奶奶、爸爸妈妈全部躲起来,只露出身体的一部分(如手)让孩子通过这个部分来认一认是谁,说对了就亲一亲、抱一抱孩子。

4. 游戏可进行多次,以孩子不感到累为宜。

友情提醒

◇ 有一定的范围,难度由易到难,为增加孩子的兴趣,可以让孩子与父母轮流藏和找,父母选一个代表做裁判。

◇ 家长躲的地方要安全,孩子找的时候不会发生危险,如磕碰、摔跤等。

7 玩 沙

游戏导航

◇ 感知沙的特性。

玩法指南

1. 家长和孩子赤足走在沙滩或沙池里，让孩子说说脚有什么感觉。孩子会发现沙很软，很舒服。

2. 家长和孩子一起玩，支持他们用多种方式玩沙，如用沙滩玩具把水浇在沙上或堆小山，做馒头、做蛋糕，挖山洞等。

3. 家长可提供多种材料——玩具、积木、日常用品等，如在用有洞洞、没洞洞的玩具玩时感知沙的特性，也可根据孩子的兴趣和经验，利用一些辅助材料和孩子一起摆放我的家、动物园、繁忙的大马路等有情节的内容。

友情提醒

◇ 天太冷或夏天阳光曝晒下的沙地最好不要让孩子赤足行走，以免孩子的脚受伤。

◇ 注意场地安全，避免刮破幼儿的手和脚。

8　可爱的小脚丫

游戏导航

◇ 发展触觉能力。

◇ 增进亲子感情。

玩法指南

1. 家长与孩子一同脱去鞋袜，让孩子观察自己的脚和父母的脚是否一样，有什么地方不一样。

2. 说一说，脚上有什么。（脚掌、脚趾、脚背等）

3. 说一说，脚有什么用。（走路、跑步、跳、骑车等）

4. 说一说，脚踩在海绵垫或地板上有什么不同的感觉。

5. 让孩子把自己的小脚和父母的脚比一比，谁大谁小？孩子用手挠自己的脚心，家长用手去挠孩子的脚心，说说感觉。

6. 家长与孩子分别用脚蘸上颜料印在白纸上，比一比谁的脚印大，谁的脚印小，看看有什么不一样。

友情提醒

◇ 睡觉前、起床时或看电视时利用一点时间都可进行游戏。

◇ 也可用笔将脚的轮廓画下来，涂上不同的颜色或形状，看看像什么。

9　有趣的轮子

游戏导航

◇ 培养探索轮子奥秘的兴趣。

玩法指南

1. 父母和孩子一起滚轮子，看谁滚得远。

2. 父母和孩子一起推玩具，看谁推得远。

3. 让孩子仔细观察：为什么这些轮子或玩具会滚？（因为这些玩具均有圆形的轮子）

4. 让孩子回忆一下：还看过哪些会滚的东西？哪些东西有轮子？

5. 用硬卡纸剪成若干小圆片，提供牙签，让孩子想想怎样使这些小圆形滚动起来，并说说为什么。把牙签穿过圆片的中心，两手扶住牙签，使圆片竖立在桌上，前后滚动，小圆片就滚动起来了。也可用一根牙签穿过两个同样大小的圆片，在桌上一推，就像车轮一样滚动起来了。

友情提醒

◇ 如果是比较大的汽车轮胎，家长可先让孩子抱一抱，再和孩子推滚到指定的地方,可以谈谈为什么推滚比抱容易一些。

◇ 为了提高孩子对轮子的兴趣,父母可以和孩子一起玩玩轮子,如面对面滚轮子,在轮子上走平衡。

◇ 可以进行小实验:方形轮子和圆形轮子哪个走得更远?

10 它们都变了

游戏导航

◇ 发展观察能力,激发探索兴趣。

◇ 知道一些事物是会变化的。

玩法指南

1. 家长和孩子一起准备中午的饭菜,在择择拣拣中让孩子仔细观察,问孩子它们会变吗?怎么变呢?

2. 观察大米、青菜、虾子的烹制过程:米洗过后放进锅里加进适量的水煮;虾子洗净后放入盘中蒸;用开水烫青菜,放入盘中。

3. 让孩子观察烹制后的变化:大米变多了,虾子变红了,青菜变少了。让孩子思考:米为什么变“胖”了?虾子怎么变红了?烫过青菜的水怎么是绿色的?

4. 可以让孩子看看、摸摸、用力捏一捏新鲜青菜的叶和茎,发现有绿的菜汁,也可将青菜放到榨汁机中榨汁,让孩子亲自感知事物的变化。

友情提醒

◇ 平时生活中多给孩子观察的机会，丰富孩子的生活常识，让孩子寻找还有什么东西会变。在淘宝上购买小的爆米花机，让孩子看看玉米粒的前后变化，品尝爆米花，也可在家中用微波炉进行操作。

◇ 这些活动应有成人陪同，注意安全。

11　寻　宝

游戏导航

◇ 发展触觉，增强辨别物体的能力。

玩法指南

1. 选择一块干净、柔软的沙地。

2. 事先堆好一个小山丘，在里面藏一些玩具“宝藏”。

3. 请孩子把手伸进沙堆里摸玩具，并猜猜是什么，然后再拿出来验证一下。

4. 父母可以和孩子比赛，看谁找到的“宝藏”多。

友情提醒

◇ 带孩子外出玩沙时，要做好防晒工作，不要在强烈的阳光下活动，以免阳光灼伤孩子幼嫩的肌肤。

◇ 如果有条件的话，可以给孩子准备一箱干净的沙子放在自己家玩。

◇ 除了玩具外，还可以在沙堆中放一些日常用品。

12 蜗牛大力士

游戏导航

◇ 知道蜗牛能拖动比自己重几倍的东西。

◇ 初步了解摩擦起着阻碍作用。

玩法指南

1. 将粗棉线的一端粘在蜗牛壳的顶部,另一端系于一小瓶近底部。蜗牛拖动小瓶,孩子同时不断地向瓶内滴水,直至蜗牛拖不动为止。

2. 在瓶底垫上粗糙的材料,其他过程同上,让孩子比较蜗牛拖的距离远近和物体的重量大小是否有关系。

友情提醒

◇ 家长和孩子饲养小蜗牛,了解小蜗牛的生活习性。(喜欢的食物、生活在什么地方)

◇ 可以让孩子用积木分别在光滑和粗糙的地面上推(滚),让孩子感受、比较在哪种地面上积木被推(滚)得远。

13 彩色冰灯

游戏导航

◇ 知道水的三态变化。

玩法指南

1. 寒冷的冬天,将彩色纸屑放入造型各异的杯中,放一根小线,一端在杯内,一端在杯外,加入适量的清水,让孩子观察:杯中的水发生了什么变化?(变成了各色的水)

2. 晚上(室外气温在零下时),将杯置于户外,第二天早晨让孩子观察,发现有色水变成了彩色的冰。

3. 将彩色冰块挂在室内或室外小树枝上就成了彩色冰灯,也可邀请其他小朋友一起欣赏。

4. 在阳光下看看彩色冰灯有什么变化,也可把彩色冰灯放在炉上加热,观察彩色冰灯最后到哪里去了。

友情提醒

◇ 鼓励孩子动手,亲自操作,可让幼儿把剪成的各种小图案,如小狗、小猫等放入水中,也可用各种造型的小容器盛水,增加活动乐趣。

◇ 如天气不太寒冷,也可在冰箱冷冻室里做此实验。

14 皮肤

游戏导航

◇ 初步感知皮肤。

◇ 知道皮肤对人体所起的作用,激发探索人体的兴趣。

玩法指南

1. 让孩子摸摸自己的皮肤,问:有什么感觉?再看一看:皮肤是什么样子的?是什么颜色的?你有没有看到与你不同肤色的皮肤?是什么颜色的?

2. 将热水和冰水分别放在皮肤上,感觉到什么?

3. 在放大镜下观看皮肤:皮肤是怎样的?上面有什么?(光滑的,有纹路、毛孔、汗毛)

4. 初步了解皮肤及汗毛、毛孔的作用。了解在不同的气温条件下,皮肤的应急措施,如天热皮肤出汗,帮助人排出体内的热量,排出汗后人就不会很热;遇冷或受刺激时,皮肤会起鸡皮疙瘩。

友情提醒

◇ 在这一游戏中，父母应为孩子创设探索的环境，鼓励孩子去探索和发现问题。

◇ 让幼儿用皮肤接触不同的材料，积累相关感性经验：软、硬及光滑、粗糙等。

15 怎样使手暖和起来?

游戏导航

◇ 培养观察和感知周围事物的能力。

◇ 获得一些防寒保暖的知识。

玩法指南

1. 家长和孩子到比较平整的雪地欣赏雪景,大胆表述。

2. 让孩子说一说在雪地的感受。(冷,风有点刺骨)

3. 家长和孩子堆雪人,让孩子说一说:堆雪人后,手上是什么感觉? 启发孩子思考怎样使手暖和起来。

4. 孩子用雪在手上搓一搓,说说手的感觉。

5. 回家后,让孩子用温水洗手,用干毛巾把手擦干净。注意不要用很热的水或把手直接放到火炉上去烘烤,以免受伤。

友情提醒

◇ 家长应为孩子创设一个积极主动探索的氛围,鼓励孩子去感知,帮助孩子积累新的经验。

◇ 家长可以进一步引导孩子寻找还有什么方法可以使手变得暖和,并让孩子进一步尝试。

◇ 注意孩子的防寒保暖措施,在其他活动中也可进行相关活动。

16 可爱的小兔

游戏导航

◇ 运用多种感官感知了解兔子的外形特征及生活习性。

◇ 通过喂养小兔子，培养关心小动物的情感。

玩法指南

1. 带孩子到养兔场，引导孩子仔细观察，说一说：小兔是什么样子的？头上有什么？小兔的耳朵是什么样子的？小兔的嘴是什么样的？（三瓣嘴，嘴边长有胡须）小兔的身体是什么样的？身上的毛是什么颜色的？摸一摸：感觉怎样？（毛茸茸的）再看看：小兔身上毛的颜色都是一样的吗？白兔和灰兔的眼睛是什么颜色的？

2. 给小兔喂白菜、胡萝卜、青菜等，激发孩子爱护小兔的情感。还可以喂小兔肉片等，看小兔吃不吃，从而了解小兔是草食性动物。

3. 观察小兔是如何行走的，为什么那样行走，（小兔的前腿短后腿长，所以走起路来一蹦一跳）让孩子模仿小兔跳。

友情提醒

◇ 如果有条件可以饲养小兔，让孩子通过饲养了解小兔的生活习性，培养孩子的责任心和热爱动物的情感。

◇ 引导孩子结合生活经验了解小兔与我们人类的关系。

4~5岁

1 我把颜色搬回家

情景回放

春天，爸爸妈妈带4岁4个月的宝宝到郊外远足，漫山遍野都是绿色、紫色、粉色等充满生机的颜色。宝宝被这些颜色吸引着、感染着，宝宝说："妈妈，我想把这些颜色全部搬到我们家。"妈妈拍拍宝宝的头说："行呀，那你再仔细看看有些什么颜色？同样一种颜色深浅是不是一样？"宝宝又仔细观察起来，远足回来，宝宝兴高采烈。妈妈把红、黄、蓝三种颜色摆在了宝宝面前："你能用这三种颜色变出许多种颜色吗？"开始宝宝有点犹豫，妈妈又说："没关系，你试试看吧！"宝宝用毛笔在这种颜料里面蘸蘸，在那种颜料里面蘸蘸，最后在白纸上一画，宝宝惊奇地发现，不同颜色混合在一起竟然能变出那么多种颜色，真是太奇妙了！

焦点扫描

皮亚杰认为：儿童是学习的主体，儿童知识的获得是儿童与环境中的人和事物相互作用的结果，是儿童积极参与活动、不断建构认知结构的过程。从上述案例可以看出，这位母亲富有一定的教育机智，她没有直接告诉孩子怎样去做，而是提供给孩子红、黄、蓝三原色，让孩子自己去探索。最后，孩子不仅发现两种颜色加在一起变成另一种颜色，还发现如果某一种颜色量多就会变成某类色，这无疑激发了孩子的探索兴趣。

教你一招

◇ 大自然是取之不尽、用之不完的源泉，家长应充分利用大自然，不失时机地利用环境，让孩子与事物直接接触，感知和认识事物，如各个季节到郊外活动，感受季节的明显特征；利用自然界的沙、草等，感受大自然的真实；观察昆虫，感受大自然的生命存在；玩水，感受大自然的乐趣。引导孩子发现问题，从而激发孩子对大自然的好奇心和探索大自然的欲望。

◇ 切身体验不同颜色混合后能调出多种颜色的过程，并鼓励孩子用新调出的颜色制作精美图案。可以让孩子大胆表现，在动手操作中主动获取知识，增加孩子的成就感，如纸团印画、蔬菜水果印画、滚画等，也可参考本书《吹画》进行游戏。

2 爬出地面呼吸的蚯蚓

情景回放

连续几天的暴雨，4 岁 10 个月的小姻发现有许多蚯蚓趴在小区的路上，有的都被车子碾死了。小姻心疼地说："蚯蚓真可怜，在泥土里面待得好好的，干吗要爬出来呢？"于是她就回去问妈妈，妈妈没有直接告诉她原因，而是叫她给很长时间没有浇水的花盆浇水。浇水时小姻发现有泡泡从泥土中跑出来了，而已经喝足水的花盆就没有泡泡了，那这些泡泡是什么呢？妈妈告诉她这些泡泡就是空气。没下雨时泥土的空隙里都灌满了空气，而一下大雨雨水就把泥土中的空隙填满，空气被赶跑了，蚯蚓呼吸不到新鲜的空气，所以就跑出了地面。小姻听了妈妈的话，知道空气到处都有，不光是人需要空气，动物也需要空气。

焦点扫描

日常生活中，周围的花草树木、小动物，有生命和无生命的事物，都会引发孩子的观察兴趣，这时主动学习就开始了。家长如果忽略了这些教育资源或出于某些规矩限制孩子的探究活动，则无疑打击了孩子的探究积极性。从上述案例可以看出，这位母亲能理解、支持孩子，她没有直接告诉孩子答案，而是为孩子搭建探究的阶梯，让孩子通过实际操作去感受空气的存在，为孩子终身学习打下良好的基础。

教你一招

◇ 每一个孩子都是天生的探索者，他们那双敏锐的眼睛无时无刻不在探索和发现周围变化着的事物和有趣的现象，遇到此情况时家长要鼓励、支持孩子去探索发现。

◇ 我国教育家陶行知提出“六大解放”，即解放儿童的眼、耳、鼻、舌、大脑和双手，也就是说要放手让孩子亲自去实践，从实践中获得解决问题的能力。

◇ 科学教育不仅是让孩子获得经验，更重要的是让孩子学会科学地解决日常生活中的问题，使孩子体验到科学的实际意义，可参考本书《种子发芽》进行游戏。

3　飞标头，碰一碰

情景回放

小月4岁半时，妈妈带他到外地的舅舅家做客。小月发现墙上有一个飞盘，对他很有吸引力，他很想玩一玩。在征得大人的同意后，小月玩了起来。在玩的过程中，他无意间把两个飞标的顶端(飞标的头)碰在一起，结果发现两个飞标的头总是碰不到一起(互相排斥)，接着他将所有的飞标头碰在一起，想看看会发生什么情况，可发现还是碰不到一起。于是他赶快喊妈妈来帮忙，可妈妈正和舅舅、舅妈说话，妈妈不耐烦地说："你自己玩吧，你没看到大人正在说话吗？别烦！"小月嘟着嘴，自己一边玩一边琢磨，可怎么也弄不明白飞标头不能碰在一起的答案。小月几次想去找大人帮忙，可看到大人谈得很起劲，怕再次被拒绝，只好作罢。小月想：这次玩得真没劲！

焦点扫描

心理学家认为，每个人生来就有两种"矛盾"的生理和心理特点：其一为保守的趋势，由自我保护、自我积累等本能组成，这种趋势只需要外界少量的鼓励或支持就可以维持和发展。其二为扩张的趋势,由好奇、探索、冒险等本能组成,这种趋势倘若不去有意识地培养,则会衰退。教育,特别是对幼儿的早期教育,就是不仅不能让这些良好的天性逐渐衰退,而且还要营造良好的环境去保护、发展它们,从而使这些天性成为一种稳定的心理特征。从上述案例我们可以看出,这位母亲忽视了孩子的探究兴趣,没有考虑该年龄阶段孩子的心理特点,严重打击了孩子的积极性,这样一来,培养出来的也许只是一个听话、循规蹈矩的孩子,也许家长把一个未来的小科学家给埋没了。

教你一招

◇ 好奇、探索是孩子的天性,遇到这类情况时,家长可以建议孩子等一等,等大人把话说完或建议他找其他同伴或哥哥姐姐帮忙,而不应一口回绝。

◇ 如果孩子不愿意,非要家长去帮助他,家长不妨这样做:

耐心倾听:让孩子讲出自己的疑惑和想法,共同寻求解决问题的方法。

目标迁移:让孩子先把该问题放一放,寻找相类似的物品,如带有磁铁按扣的文具盒等,让孩子在操作中发现问题,寻找共同的答案。

学会尊重:首先,家长要尊重孩子,满足孩子的要求;其次,在日常生活中也要教育孩子学会等待。

◇ 为了保护孩子的探索天性,在平时的生活中,家长要有意识地创设一种带有问题的情境,让孩子在活动中提出问题,继而进行探索,解决问题,让他们的这种天性得以充分的发挥和发展。此外,还要善于关注孩子无意识的探究行为,并帮助他们将这些无意识的探究行为变为有意识的探索活动。在探索活动中，家长应该对孩子进行鼓励，耐心地倾听孩子自己对探索活动的介绍，并积极地参与到孩子的探索活动中。当孩子确实遇到超出其能力范围的困难时，家长要考虑是否介入，给予直接的支持和帮助，以保护孩子刚刚萌生的探索火花。可参考本书《钓鱼》《会跳舞的娃娃》等进行游戏。

4 换牙，不害怕

情景回放

大约在小雨4岁半时，一天晚上，小雨和家人围坐在一起，边看电视边谈论一天中有趣的事。突然，小雨大叫起来："我的牙掉了！"他用小手小心翼翼地捧给大家看。爸爸妈妈劝他不要害怕，小朋友都要换牙，可小雨还是感到害怕，并说要将掉的牙扔到房顶上去，这样新牙才会长出来，因为小朋友都这么说，对此爸爸妈妈没有过多地去纠正，而是告诉他换牙是每个小朋友成长中必然经历的过程。此后几天，爸爸从当医生的朋友那儿借来了牙齿的模型和保护牙齿的挂图，妈妈让外婆从阿姨那儿拿来了有关牙齿的医学书。爸爸妈妈和小雨一起看，小雨不害怕了，并且自豪地说："我换牙了，我已经长大了。"

焦点扫描

幼儿的思维还处于具体形象思维阶段，认识事物比较粗浅，判断是非的能力不强，往往容易受周围人、事物的影响。从上例可以看出，小雨没有形成正确的关于换牙方面的知识，但家长没有过多地纠正和责备，而是悄无声息地准备了相关的资料，与孩子一起看、一起讨论。这样一方面消除了孩子的恐惧心理，另一方面使孩子形成了正确的科学观，无疑该家长的做法值得大家借鉴。

教你一招

◇ 科学知识不是成人灌输就可获得，“授之鱼不如授之渔”，教给孩子获取知识的方法将使孩子受益终身。

◇ 在合适的时机对孩子进行换牙教育，让孩子带着问题寻找相关的信息并请教有关的人，是获取知识的一种途径。

◇ 让孩子结合自己的亲身经历与同伴交流，获得换牙的初步认识，消除对换牙的恐惧，使孩子知道换牙是件好事——是长大的标志。

5 墙上的亮点探秘

情景回放

星期天，妈妈在家里进行卫生大扫除，在阳台上玩耍的 4 岁 10 个月的明明被墙上的一个亮点所吸引，于是便用手去碰它，用皮球去扔它，可那个亮点仍然在那里，丝毫没有任何改变，明明赶快喊妈妈来看。妈妈过来一看，原来那个亮点是金鱼缸里的水经太阳光照射反射到墙上的，于是妈妈就让明明去观察、寻找光源。明明把这个东西拿起来摇一摇，把那个东西动一动，但没发现什么。于是妈妈在有意无意间移动了鱼缸，明明一下子就发现那个亮点来自金鱼缸里的水，这样的发现让明明太高兴了。

焦点扫描

光的反射和折射对孩子来说比较抽象，难理解，明明才 4 岁多，当然难以理解这一深奥的问题。从上述案例可以看出，这位母亲有一定的教育智慧，她没有直接告诉孩子答案，而是让孩子自己去摆弄物品，自己发现、寻找答案，在孩子无法解决时，看似无意实则有意的动作为孩子打开了一扇通往科学的大门，帮助孩子寻找到了一个解决问题的方法。

教你一招

◇ 善于发现周围生活中的现象，是进行科学活动的一种方法。遇到此类情况时，家长不要急于告诉孩子答案，而应引导、支持鼓励孩子去发现事物之间的联系，寻找答案。

◇ 提出有启发性的问题，引导孩子进行探究：谁的影子？是不是只有水才能反射光？这样便有效地引导了孩子对什么东西能反射光进行探索，使孩子充分调动原有经验，丰富和扩展了原有认识。

◇ 为了培养孩子科学获取知识的能力，在平时的生活中，家长可有意识地让孩子与父母一起对一些现象进行探究，有条件的可以和孩子做一些实验，验证一些现象，对一些问题也可邀请同龄伙伴一起进行探究，还可参考本书《镜子游戏》《猫和老鼠》等进行游戏。

6 我的药不见了

情景回放

大概是 4 岁半的时候,天天受凉生病了,从医院回来后妈妈喂他吃药。当妈妈把药倒进水杯里时,天天发现药一点一点地不见了,而水变色了,忙问妈妈:“妈妈,我的药呢?”妈妈说:“不是倒进去了吗?”“可是怎么不见了呢?”“那是因为水把它溶解了。”“那还有什么东西到水里会溶解呢?”妈妈说:“你仔细想一想。”“噢,我知道了,上次爸爸喝咖啡,也是这样,把水倒进去以后,咖啡粉就不见了,它也是溶解了吗?”妈妈说:“对,天天真聪明。”

焦点扫描

日常生活中的许多事物都会引发孩子的好奇与关注,对孩子来说药很苦,都怕吃,当药被水溶解成为孩子关注的对象时,这位母亲抓住这个教育契机,适时地利用了这个机会,帮助孩子结合已有的生活经验,予以知识的总结概括,不断调整、丰富和加深孩子原有的认识。

教你一招

◇ 爱观察、爱提问是孩子获取科学知识的一种方法，遇到此情况时，如果孩子有这方面的经验，家长可以让孩子自己去思考；如果没有，则家长可以和孩子一起去联想：生活中还见过哪些东西能溶于水？

◇ 以疑促思，即设置一些疑问促使孩子去思考，使孩子在获得结果的同时，更重要的是获取了学习的方法。

◇ 家长提供多种材料，让孩子在操作过程中去发现问题，寻找答案，获得成功的体验，如做一些小实验——糖（盐）溶于水，怎样溶得快？为什么放置一会儿后，有的有沉淀，而有的却没有？也可参考本书《溶解》进行游戏。

7 蹦蹦床上跳得高

情景回放

大概是瑶瑶4岁多的时候，妈妈带她到儿童乐园玩，她对蹦蹦床特别感兴趣，问妈妈："妈妈，那些小朋友怎么能跳那么高呀？我能不能去玩？"妈妈说："可以。"于是她也和其他小朋友一样，站在上面跳起来，一边跳一边说："妈妈，你看我跳得高不高？"回家的路上，瑶瑶还沉浸在玩蹦蹦床的乐趣中。"妈妈，现在我怎么就跳不高呢？""因为水泥地不像蹦蹦床那么有弹性。""那我们家的床也有弹性吗？为什么站在床上也能跳起来呢？""床上也有弹性，因为床垫中有弹簧呀！""可是蹦蹦床上的弹簧在哪儿呢？有弹簧的地方就有弹性吗？"……由于天色已晚，要赶快回家，瑶瑶提出的问题也就不了了之。

焦点扫描

在户外活动时，周围的事物常会引发孩子的观察和探索兴趣，但孩子的知识经验有限，还处于具体形象思维阶段。从上述案例可以看出，这位母亲让孩子去玩，对孩子提出的问题进行了部分解答，但没有把这个问题延伸，挖掘问题潜在的教育价值，无疑打击了孩子探索的积极性。

教你一招

◇ 爱问是孩子的一大天性,爱问表明了对知识的渴求,以及在对现象认识的过程中遇到了一些自己无法解决的困难。遇到此情况,家长应理解孩子,给予一定的支持和帮助。

◇ 从孩子的生活中寻找科学教育的内容,以孩子的关注点为教育的切入点,使孩子在满足自身需求中感受生活中的科学。首先是让孩子寻找相关联的事物,如本身有弹性的东西:松紧带、橡皮筋、弹簧秤等。其次,寻找与弹性没有联系,但通过改变形状、方向等可以变成有弹性的东西。如一根铁丝本身没有任何弹性,但把它绕在笔或管子上,取下之后铁丝就有弹性了。可以观察家具厂、沙发厂,帮助孩子积累相关的经验,还可参考本书《有趣的弹性》进行游戏。

8 漂亮蝴蝶蜕变记

情景回放

美术班活动结束以后,小爽噘着个小嘴巴。爸爸看出小爽不开心,问:“今天画的什么画啊,我的小画家?”“蝴蝶。”“怎么了?老师说你的小蝴蝶画得不好看?”“爸爸,你说小蝴蝶好看吗?”小爽答非所问,心里在想自己的事情。“好看啊,小蝴蝶是会飞的花儿。”“可是文文非说他在书上看到蝴蝶是毛毛虫变的。小蝴蝶那么漂亮,怎么会是毛毛虫变的呢?”原来,画画课的时候,小爽和小文就“小蝴蝶是不是毛毛虫变的”争了起来,小爽无法相信自己喜欢的小蝴蝶竟然是讨厌的毛毛虫变的。回家的路上,爸爸给小爽介绍了蝴蝶的变化过程,看到小爽似懂非懂的样子,爸爸一拍脑袋说:“对了,你不是说小文有书吗?下次我们把书借来看看,看看蝴蝶到底是怎样变化的,和爸爸说的是不是一样?”“好咧!”小爽早已忘记了刚才的不开心,心里充满了对小蝴蝶蜕变的好奇。

焦点扫描

根据艾里克森的心理社会理论,5 岁左右的孩子正处于建立进取心的阶段,对周围的人、事物,除了模仿与学习以外,还有了自己的想法。小爽对于“小蝴蝶是不是毛毛虫变的”这个问题，最初的认识是基于自己对两者的外形和生活习性的比较，有她自己的比较认识。小爽的父亲很民主，他尊重自己的孩子。首先，他愿意去倾听孩子的心事，然后他站在引导和帮助孩子的立场上给孩子解答问题。另外，爸爸让小爽向小文借书，不仅是鼓励小爽通过多种渠道认识蝴蝶的变化过程，还培养了小爽求知的认真态度，也帮助两个好朋友重新建立友谊。

教你一招

◇ 在帮助孩子解答的过程中，由于缺乏经验，有的解答对于幼儿来说是不知所以然的，家长可以根据实际情况适当地帮助孩子通过实验、寻找资料等多种途径来寻找答案。

◇ 饲养青菜中的小青虫，观察其整个变化过程。在观察实验的过程中，家长也可以鼓励孩子用图画的形式在自己的观察中进行记录，帮助其比较、分析前后变化的过程。

9 洋娃娃和包的较量

情景回放

一天,丹丹的爸爸从外地出差回来,给5岁的丹丹买了一个和她差不多大的洋娃娃。丹丹可高兴了,使足了力气从爸爸手中抱过娃娃。“咦?这么大的娃娃,怎么这么轻?我一只手都能拖动,爸爸你看。”丹丹说。“丹丹,帮爸爸把包拿进去。”“好咧!”丹丹跑到爸爸身边,拎着爸爸递过来的包。“哎哟哟,怎么这么重呀?”丹丹奇怪地问爸爸,“爸爸,你的包还没有我的洋娃娃大,可是为什么这么重呢?我都快拎不动了!”爸爸说:“你摸摸看,洋娃娃的身体里装的是什么?爸爸包里装的是什么?”丹丹摸了摸,说:“洋娃娃身体里的东西软绵绵的,爸爸包里的书重重的、厚厚的。”“对呀,不同的东西,它的重量是不同的,有的东西大,不一定重,有的东西小,不一定轻,看东西不能只看外表,懂了吗?”“懂了。”

焦点扫描

苏联教育家苏霍姆林斯基认为:“幼儿智力发展体现在手指尖上。”说明“操作”在儿童活动中的作用。从上述案例可以看出,这位父亲利用身边的事物随机教育,让孩子通过感官进行触摸、比较，积累相关的知识经验——大与小、外表大小与厚重不存在必然的关系，从而为孩子科学地认识事物打下良好的基础。

教你一招

◇ 鼓励孩子充分地运用各种感官去感知、认识事物，真实地去感受体验，有利于孩子积累相关的知识经验，形成新的经验。

◇ 孩子在生活中会遇到各种各样的问题，解决问题的过程实际上就是学习和获得进步的过程。因此，应让孩子有机会自己思考、探究问题，凭借自力的力量去寻求答案，解决疑问，从而使他有机会感受到自我的能力与价值，感受成功的喜悦，增强自信心和探究兴趣，可参考本书《哪一个是铁球？哪一个是皮球？》进行游戏。

10 美丽的天空，许多的月亮

情景回放

今天是爸爸到幼儿园接将近 5 岁的明明回家。明明一看到爸爸，就高兴地拉着爸爸来看他上午刚刚画的画。他很得意地向爸爸介绍自己画的"美丽的天空"，可是爸爸却并不高兴地问："天空中怎么会有那么多的月亮呢？天上就一个月亮，你怎么不动脑筋乱画呢？"明明很喜欢今天画的画，他以为爸爸也会和他一样喜欢，可是却被爸爸批评了一顿，明明不高兴了，一直到家，明明都闷闷不乐。

焦点扫描

从观察的理解性来看，幼儿在有一定知识经验的情况下，能够认识事物之间的"空间关系"，甚至事物之间的"因果关系"，把握"对象总体"，但他们的知识经验毕竟有限，所以他们对空间关系、因果关系等的掌握还处在初级阶段。如果爸爸愿意去问明明"你为什么画这么多月亮"，那么他会明白明明不是没有动脑筋，因为明明看到的月亮有时是圆的，有时是半圆的，有时像个小月芽，他从事物的表面现象理解，所以以为月亮是有好多个的。作为家长，应找到一个教育契机。像明明爸爸这样不问清楚、动辄批评孩子的行为，容易让幼儿对自己失去信心，更不愿意在他人面前表现自己。

教你一招

◇ 树立正确的儿童观，不要以为孩子没有思想、没有主见。面对孩子的错误，不要妄下评论，动辄批评，而应当先了解孩子为什么这样做，弄清楚他这样做的原因，然后帮其解决问题。

◇ 引导孩子观察记录一个月中月亮的阴晴圆缺情况，帮助孩子形成正确的观念：不管月亮的形状发生怎样的变化，月亮只有一个。

◇ 可以带孩子到科学博物馆了解太阳、地球、月亮的运转，使其形成正确的观念。

1 我给食品分分家

游戏导航

◇ 初步了解电冰箱的外形特征及冷冻保鲜的作用。

◇ 尝试对食物进行分类，了解食品的保存方法。

玩法指南

1. 家长带孩子到超市或菜场采购食物，并有意识地引导孩子认识各类食物的保存方法、保存时间及保存温度。

2. 回家后，请孩子尝试将食品进行分类：哪些需要放入冰箱，哪些不需要。

3. 让孩子从里至外观察冰箱，了解冰箱的外形特点。冰箱要通电才能工作，一般都有冷藏室、冷冻室。再让孩子观察每一部分，并且有放置不同食物的标志。

4. 将分类后的食品分别放入电冰箱的冷藏室、冷冻室和食品柜。

5. 过一段时间后，让孩子观察：冷藏室、冷冻室和食品柜里的食物有什么变化?（形状、颜色、大小、软硬）让孩子用手去感受一下。

6. 小实验：① 在冷藏室内外各放置几棵新鲜青菜，几天后让孩子摸一摸、看一看，比较青菜有什么不同？为什么会这样？② 冷藏室、冷冻室各放一片鲜肉，几天后取出肉，让孩子观察比较：肉有什么变化？为什么？

（冷藏室能保持食品的新鲜，但不能放置很长时间，否则易坏；冷冻室的温度很低，可以把食物冻起来，让食物保存较长时间）

友情提醒

◇ 通过让孩子分类摆放来了解食品保存的方式，有冷冻、脱水和装罐。

◇ 知道易烂的食品应放入冰箱中，因为食物在冰箱里可以保鲜一段时间。

◇ 在此基础上可以学习对物品进行分类，如吃的、穿的、用的。

2 哪一个是铁球？哪一个是皮球？

游戏导航

◇ 能正确运用多种方法区分铁球和皮球。

◇ 积极动脑筋，大胆尝试主动建构知识。

玩法指南

1. 家长提供两个大小、颜色一样的球，让孩子区分哪一个是铁球，哪一个是皮球。

2. 孩子寻找比较、分析、区分两个球的方法。

3. 介绍自己的方法并进行实际操作：

掂一掂：比较重和轻；

捏一捏：比较硬和软；

拍一拍：跳和不跳（即反弹）；

吸一吸：谁能被磁铁吸住；

比一比：放在水里看看哪个球会沉，哪个球会浮。

友情提醒

◇ 游戏中,父母应该放手,鼓励幼儿大胆尝试、勇于探索,也可邀请同龄小伙伴一起进行游戏。

◇ 可根据孩子特点及其他物品的相关内容设置游戏。

3 沉与浮

游戏导航

◇ 认识物体在水中具有沉或浮的现象,能对沉或浮的物体进行分类。

◇ 增强探索沉浮现象的兴趣。

玩法指南

1. 准备一大盆水和各种沉浮材料(海绵、玻璃瓶、木块等)。

2. 让孩子把各种物体放入水中进行观察并分类,看一看:哪些物体能浮在水上?哪些物体能沉下去?

3. 提出问题:如何让沉到水下的物体浮上来?让浮在水上的物体沉下去?让幼儿大胆探索,家长从旁协助。

4. 引导孩子探究改变物体形状能不能使物体沉或浮。如橡皮泥搓成圆球,就沉到水下,捏压成小船形状就浮在水面上。

友情提醒

◇ 如果水比较深,应该有大人在一旁监护,防止幼儿弄湿衣物或发生危险。

◇ 家长和孩子共同收集各种材料,鼓励孩子大胆探究。

4 溶解

游戏导航

◇ 了解某些物质溶解的现象，能用语言表达其发现。

◇ 对溶解现象有好奇心，产生浓厚的观察兴趣。

玩法指南

1. 提供一些能够溶解的物质，如糖、盐、饮料冲调粉，以及杯子、温水、调羹。

2. 让幼儿用调羹将每一种物质分别放进盛有凉开水的杯子里，仔细观察每一种物质入水后的变化，品尝原来的水与物质溶解后的水味道有何不同，了解溶解现象。

3. 准备一杯凉开水、一杯热水(温度不宜太高)，先让幼儿猜一猜把糖放进去，谁会溶得快。猜测以后让孩子实际操作，看看结果与猜测是不是一样。

友情提醒

◇ 还可以提供更多的东西，让幼儿做溶解实验，比如食用油、食用色素、颜料、洗发水、面粉。

◇ 在实验中教育幼儿不能随便用嘴去品尝物质溶解后的水，以免发生危险。

5 钓鱼

游戏导航

◇ 巩固对磁铁特性的认识。

◇ 提高动手的操作能力。

玩法指南

1. 家长和孩子一起用硬卡纸剪、贴、画，做成立体或平面的鱼，用回形针夹住鱼嘴，用小竹竿制作钓鱼竿，用线将小磁铁挂在鱼竿的一端作鱼钩。

2. 把做好的鱼放在地上或桌上，用鱼竿钓鱼。

3. 比一比，谁钓得多。

4. 可以让孩子邀请同龄伙伴，共同游戏。

友情提醒

◇ 家长应为孩子创造一个宽松、愉快的氛围，最好鼓励孩子自己制作游戏材料。

◇ 还可以制作其他物品进行游戏，如吊车吊集装箱等。

6　会跳舞的娃娃

游戏导航

增进对磁铁特性的认识。

玩法指南

1. 家长和孩子一起用硬卡纸制成带有托盘的各种姿态的娃娃,然后将回形针别在娃娃的脚上,将娃娃粘在塑料垫板或玻璃板上。

孩子手拿磁铁在板下不停地移动,娃娃就会来回移动,好似跳舞。

2. 在废乒乓球内安放一块小磁铁,用胶布固定。用纸做成一顶三角帽子,粘在乒乓球上,并画上娃娃的五官。

将娃娃放在桌上,用一块磁铁在板下移动,娃娃就会随之移动。

友情提醒

◇ 家长和孩子共同制作游戏材料。

◇ 可用同样的方法制作会游的鱼、会动的船。

◇ 将硬板纸拼折出迷宫,再将绿色纸折成青蛙,小青蛙的脚上别上回形针,将小青蛙放在迷宫入口处。孩子手握磁铁,牵引小青蛙进入迷宫,然后再从出口处出来。可根据孩子能力,适当增加迷宫难度。

7　帮奶奶找针

游戏导航

◇ 巩固对磁铁特性的认识。

◇ 培养乐于助人的品质。

玩法指南

1. 家长设置悬念:奶奶把许多根针掉到米里、沙里或地上,请孩子想办法把针找出来。

让孩子用磁铁在米里、沙里吸针,并数一数有多少根针。

2. 米里掉进铁砂,怎样把铁砂找出来?

3. 用磁铁在家里到处吸吸,看看什么能被磁铁吸住。

4. 寻找有磁铁的物品。(妈妈小包的按扣,有些文具盒的开关等)

友情提醒

◇ 家长应为孩子创设主动探索的氛围,激发孩子探索的欲望。

◇ 根据孩子的情况,可用其他替代物品,并应注意安全。

8 好玩的转盘玩具

游戏导航

◇ 观察不同的颜色涂在平板上转动时，转动速度与颜色变化。

玩法指南

1. 家长和孩子共同制作三个直径5厘米的圆盘：A盘画上三个同心圆，分别涂上红、黄、蓝三种颜色；B盘画上三等分的圆形，分别涂上红、黄、蓝相间的颜色；C盘画上八等分或十等分圆形，用黑笔有规律地间隔涂上黑色。三个圆盘纸卡都在圆心左右打两个小孔，穿入绳线并打结，成为转盘玩具。

2. 利用绳线绞动的力量，让转盘快速转动，观察颜色变化；转速发生快慢变化时，再看看颜色有没有变化。

友情提醒

◇ 让孩子试试在转盘上涂上不同颜色，旋转后，看看转盘呈现什么颜色。

◇ 平时在画画时，让孩子尝试用不同的颜料调出各种颜色。

9　种子发芽

游戏导航

◇ 知道种子发芽需要水、空气、阳光。

玩法指南

1. 在三个大口玻璃瓶里放若干黄豆粒，第一个瓶子中不放水；第二个瓶子中的水泡至种子的 3/4 处；第三个瓶子中放入半瓶水，使种子全部被水泡着。

2. 若干天后，引导孩子看看发生了什么变化：第一个瓶子里的种子缺乏水分未发芽；第二个瓶子里的种子既吸收了水分，又吸收了空气，种子发了芽；第三个瓶子里的种子缺乏空气，没有发芽。

3. 将发过芽的种子一半放在阳光充足的地方，一半放在见不到一点阳光的纸盒内，一段时间后，让孩子观察比较有什么变化。

友情提醒

◇ 家长引导孩子仔细观察，丰富孩子的生活经验，可以在种植园地进行种植活动。

◇ 可以在网上买一些材料和孩子一起在纸上种菜，或者购买菌包，种植蘑菇，定期浇水，观察变化。

◇ 教育孩子有些事物需经过一段时间才会有所变化，学会耐心等待。

10 哪只沉得快?

游戏导航

◇ 了解各种纸的吸水性。

玩法指南

1. 家长和孩子一起用蜡光纸、报纸、皱纹纸、铅画纸等折成同样大小的船放入水中,让孩子观察它们的变化。

2. 启发孩子思考:为什么有的船沉得快?有的船沉得慢或不沉?从而理解不同的纸,吸水性不一样。

3. 启发孩子思考:怎样使报纸、白纸折的船沉得慢或不沉。

4. 引导孩子观察思考:纸杯盛水为什么不漏?用小刀在杯上刮一刮,看看会刮到什么。(蜡)让孩子理解纸涂上蜡就可以使纸不吸水。

友情提醒

◇ 家长和孩子收集各种各样的纸,去揉一揉、撕一撕,感受各种纸的不同,并进行分类。

◇ 让孩子去操作,发现各种纸的吸水性不同。

11 水是什么样的?

游戏导航

◇ 懂得水是流动的、无色的、透明的、无形的。

玩法指南

1. 将积木放在脸盆里,盘子放在积木上。家长提壶倒水,水流入盘中,盘中的水满后即溢出,又流向盆里。孩子动手游戏:将小杯里的水倒入碗中,碗中的水又倒入杯中,观察水的流动。

2. 用两只无色玻璃杯分别装上清水、牛奶,让孩子观察,回答:杯子里装的是什么?是什么颜色的?然后,在清水和牛奶里各投入一粒彩色糖块,让孩子观察比较。

3. 将水倒入方形、圆形、三角形等不同的容器内,让孩子观察水有没有形状。(水倒入什么容器,就和这个容器形状一样)

友情提醒

◇ 日常生活中,家长可以和孩子玩水,在玩的过程中引导孩子观察水是什么样的,帮助孩子积累一些生活经验。

◇ 可以在无色玻璃杯内的清水中倒入草莓汁、西瓜汁、橙汁等果汁或各色颜料,让孩子观察这些都能溶于水。

12 豆芽钻孔

游戏导航

◇ 知道植物的生长需要阳光。

玩法指南

1. 在两只花盆内分别装入湿润的泥土，种下黄豆种子，发芽后将一只花盆放入纸盒内，在这只纸盒的一侧开一个小洞，洞口向着阳光；将另一只花盆放入另一只纸盒内，纸盒一侧不开洞。

2. 等一段时间后让孩子观察：两只花盆中的豆芽有什么变化？(开洞的纸盒里豆芽会从小洞钻出，而不开洞、不见阳光的纸盒里，嫩芽已枯萎而死)

友情提醒

◇ 家长利用日常生活和孩子进行种植活动，培养孩子耐心等待和细心观察的能力。

◇ 可以用其他种子代替。

13 棍子变了吗?

游戏导航

◇ 认识光的折射现象。

玩法指南

1. 家长拿一根5～10厘米、上下一样粗细、比较直的棍子让孩子观察,并问:"这根棍子是直的,还是弯的? 它自己会弯吗?"

2. 将棍子斜放入水中,让孩子从侧上方观察,问:"发现棍子变得怎样?"(变歪了)

3. 让孩子再拿其他一些东西,如筷子、吸管等放在水中,让孩子观察其在水中的变化。

友情提醒

◇ 家长要引导孩子去观察周围事物的现象及其变化。

◇ 可在盛了水的透明玻璃杯的一面贴一些孩子画的图画或有字的纸,让孩子从另一面看看图画或字有什么变化。

◇ 家长和孩子参观动物园、海底世界,鼓励孩子用彩色油泥或水彩等材料装饰玻璃杯,如装饰成"海底世界"的内容。玻璃杯装上水后,让孩子从玻璃杯的侧面、另一面看看有什么变化。

14　打捞圆片

游戏导航

◇ 了解磁铁与铁相吸的奇妙现象。

玩法指南

1. 家长将废弃的铁皮剪成大小不等的圆片若干，沉入注入清水的杯底，让孩子观察：这是许多圆片，怎样才能将它们捞上来？

2. 孩子动手操作，家长引导孩子用磁铁在杯外沿、杯侧面将圆片吸出。

3. 如果上述活动孩子比较容易操作，家长可以增加难度，将铁圆片或回形针放入空的饮料瓶中，鼓励孩子将它们吸出来。

友情提醒

◇ 不能把水倒掉或用勺子去捞。如果是盛满清水的杯子，杯口必须是直的。

◇ 可提供多种材料，让孩子去试试，哪一种能被吸起来。

15 火柴燃烧起来了

游戏导航

◇ 了解太阳能发出很强的光和热，老花镜能聚光、聚热。

玩法指南

1. 选择一个天气比较晴好的中午，让孩子到室外用眼睛对着太阳看一会儿，说说什么感受？（太阳光很刺眼）再在太阳下活动一会儿，会觉得怎样？（暖和、热）如果是夏天的中午，在太阳下站一会儿，孩子会感到太阳火辣辣的。

2. 将老花镜对着太阳，将火柴放在眼镜下的亮点处，过一会儿，让孩子观察有什么变化。（火柴会自己燃烧起来）

3. 同上，在眼镜下的亮点处，放一张白纸，过一会儿观察白纸会有什么变化。

4. 将放大镜对着太阳，将纸或火柴放在放大镜下的亮点处，同样让孩子观察会发生什么现象。

友情提醒

◇ 家长可以带孩子观察了解生活中还有哪些物品是使用太阳能的。(太阳能热水器、太阳灶)

◇ 家长应教育孩子眼睛不能直视太阳,不能把放大镜、老花镜放在眼前对着太阳,以免眼睛受到伤害。

16 吹 画

游戏导航

◇ 知道液体是流动的,流动的液体可以制作图画。

◇ 体验自由创作的乐趣。

玩法指南

1. 将颜料滴在图画纸或宣纸上,可以滴任何一种颜色。

2. 用嘴用力吹动颜色水滴,可以从不同方向吹,也可以转动纸吹,让孩子想象制作图案,还也可提供棉签、毛笔、排笔等让孩子添画。

3. 看看图画纸、宣纸上水滴的变化,知道宣纸的渗透性强。

友情提醒

◇ 颜料配制时水分要多些。

◇ 可根据孩子的情况,让他吹出预先想象的图案。

◇ 也可让孩子用滴管将颜料滴在玻璃上(可以是大块玻璃,也可以是小块玻璃,孩子可以随心而作)进行制作,从而产生透视效果。

17　猫和老鼠

游戏导航

◇ 了解光的反射作用。

玩法指南

1. 在室内墙壁规定的区域内贴上五幅父(母)子共同制作的图案——树。

2. 两人面向室内,手里各拿一块贴上猫或老鼠图片的镜子 。

3. 通过光反射使室内墙上出现光斑,并呈现猫和老鼠的图形。

4. 持老鼠镜子的一方先使光斑绕过小树移动,持猫镜子的一方则使光斑跟随老鼠移动,碰到则为捉住老鼠。可以互换镜子玩。

5. 在光斑移动的过程中,任何一方碰到小树均要停止游戏,重新开始。

友情提醒

◇ 为孩子创造一个宽松、愉快的氛围。如果孩子动作慢,家长可以等一等孩子,若孩子不感到累,可以适当延长时间。

◇ 根据孩子的能力水平,可以放慢速度或加快速度,使孩子有成功的体验。

18 冰的变化

游戏导航

◇ 引起对冰的变化的兴趣。

◇ 懂得食盐溶化时，需要吸收热。

玩法指南

1. 夏天时或气温比较高时把冰格放入冰箱制冰。

2. 取一块冰放在碗里，让孩子仔细观察：刚从冰箱里拿出的冰上有什么？（冒白气）为什么？（冰箱里温度低，外面热，冰在吸热）让孩子用手去摸摸，感受一下冰。

3. 放置一段时间让孩子观察：冰有了什么变化？（冰慢慢变小并有水出来）可以等冰全部融化成水，也可加热使冰变成水。

4. 将水倒入玻璃试管中，再将试管放入预先准备好的保温杯中（保温杯中放些食盐和碎冰），3～5 分钟后取出试管，让孩子观察：试管里的水发生了什么变化？（水又结成了冰）

友情提醒

◇ 根据天气情况,在寒冷的冬天可利用室外温度制冰(室外温度在零下时)。

◇ 教育孩子不要从冰箱的冷冻柜里直接取东西,应戴上棉手套,以免手被冻伤。

19 有趣的弹性

游戏导航

◇ 了解弹性的基本特征,获取弹性的科学经验。

◇ 积极参加科学探索活动,培养关心周围事物的习惯。

玩法指南

1. 家长和孩子共同收集各种弹力玩具或带有弹性的物品,如牛皮筋、松紧带、橡胶手套、弹力衫、棉花、海绵等。

2. 孩子操作材料,观察用力拉或压弹簧及带有弹性的物体时它们的外形变化情况,讲述自己的探索发现:当用力拉或压时,弹簧、松紧带、海绵等都发生了变化,有的变长,有的变短,有的变形;不再压时,这些物体都能恢复原来的形状。家长告诉孩子这就是弹性。

可以再次操作材料,让孩子发现许多物品都有弹性,但弹性大小不一样。

3. 让孩子说一说并找一找有弹性的物品,引导孩子说说平时还见过哪些有弹性的物品。

4. 小实验:把与弹性没有关系的物品,通过改变形状、方向等变成有弹性的东西。如一根铁丝本身没有任何弹性，但把它绕在笔或管子上，取下之后铁丝就有弹性了。

5. 请孩子自己探索并操作：怎样使一根 1.5 厘米×10 厘米的纸条变得有弹性？可以提醒孩子运用上面的方法。

6. 寻找生活中有哪些物品是利用此方法形成弹性的。如果有机会，还可以带孩子到家具厂、沙发厂观察工人叔叔制作席梦思垫、沙发的过程，帮助孩子积累相关的经验。

友情提醒

◇ 在家里可以使用以上材料，制作弹簧小玩具。也可邀请其他小朋友一起制作，并时刻关注孩子的安全。

◇ 鼓励孩子把自己制作的小玩具送给弟弟妹妹，体验制作的乐趣。

20 镜子游戏

游戏导航

◇ 引起对镜子会反光的兴趣。

玩法指南

1. 在阳光下拿一面镜子，使屋顶或墙上产生光斑，找一个想照亮的地方，移动镜子，光斑也跟着移动，直到光斑照到那个地方。

2. 家长和孩子商定一物品或图像，比比谁的镜子的光斑照到上面快。

3. 在镜子上贴上实心五角星，让孩子对比，看看镜子里反射出的光斑有什么不同？再贴上空心五角星，比比光斑有何区别？

4. 让孩子邀请小伙伴一起玩。

友情提醒

◇ 在游戏中，家长应当为孩子创造一个探索的空间和氛围，鼓励孩子去探索。

◇ 根据孩子的情况，让孩子探索其他不同玩法。

5~6岁

1 车轮中轴的花纹

情景回放

豆豆住在一个比较大的小区，小区里停放着许多轿车，大概从5岁开始，他就注意到汽车轮子中轴的不同花纹，并且被深深地吸引住了。每天他都要去观察车轮，并且都把自己的发现告诉给妈妈。一开始，妈妈以为他是一时的好奇，就没有干涉他，让他自己去观察，同时告诉他要注意安全。过了一段时间，豆豆不仅把自己的发现告诉妈妈，而且还把不同的中轴花纹画了下来。妈妈看到豆豆这么认真、投入，就对他说："你知道车轮中轴的花纹有哪些吗？为什么会不一样？"这下豆豆又有新的问题需要研究了：花纹为什么不一样？与什么有关呢？通过很长时间的观察思考，他首先改变过去看到一个不同的花纹就画下来的做法，而是根据车辆品牌的不同进行分类后再画，结果发现车轮中轴花纹与车辆品牌有关。

焦点扫描

瑞士心理学家皮亚杰的“平衡因素论”指出：在求知活动中，主体是主动的，因而，当他面临外部质疑时，他就有所反应，从而使他的内部认知结构趋于平衡。从上例可以看出，这位母亲的提问富有挑战性，给孩子的进一步探索设置了疑问，促使他有所反应，从而激发孩子的思维火花，促使他积极地探索、找寻结果，从而使孩子的认知结构达到更高水平上的平衡，活动更具生命力。

教你一招

◇ 孩子的好奇与探索是无处不在、无时不有的，在任何时间、任何场所都可能有探索行为发生，对此家长要持肯定的态度，静观事情的发展变化，提出建设性的意见和建议。

◇ 在孩子的探索过程中家长应注意：

给予孩子一定的暗示，并提出具有挑战性的问题，推动孩子按自己的逻辑与方式进行有意义的探索。

当孩子有了自己的探索成果后，家长可以用欣赏的眼光或口吻表达自己的感受，使孩子在感受探索的快乐的同时，体验母(父)子间的理解、合作与关爱。

2 龙珠为什么不会掉下来?

情景回放

五一节,妈妈带5岁半的晓谕到深圳去玩。在锦绣中华的锦绣龙珠景点,晓谕看到一股水柱冲天而起,且一会儿高一会儿低,特别是那颗红色的龙珠随着水柱上下起伏,煞是好看。晓谕一直盯着那颗龙珠看,妈妈喊他,喊了几遍,晓谕都没听见,最后妈妈来拉他,他才不情愿地跟着妈妈走了。晓谕问妈妈:"为什么龙珠不会掉下来?"妈妈说:"水柱把它顶起来了。""为什么水柱就能把它顶起来呢?""水柱的压力很大。""那压力又是什么呢?"晓谕非有打破砂锅问到底的架势,但因为要赶下一个景点,妈妈说:"压力是什么,你现在不懂,等你长大你就懂了。"虽然下面的景点更精彩,但晓谕总是闷闷不乐,玩得不尽兴。

焦点扫描

这一阶段孩子的思维还处于具体形象思维阶段,他们掌握的概念和成人是不同的,他们不追求精确的、概括性的、抽象的概念和定义,而是要对事物与现象、事物与事物之间的内在联系形成一种初步的认识,这是科学概念形成的阶梯之一。从上述案例可以看出,这位母亲应答了孩子提出的一些问题,但"压力"对孩子来说比较深奥,家长的回答容易使孩子形成错误的概念:知识的获得不需要经过努力就可以获得。这样容易打击孩子学习的积极性。

教你一招

◇ 孩子常常会遇到一些深奥的问题,这些深奥的问题一方面在很大程度上会增加孩子独自解决问题的机会,另一方面也会阻碍孩子进行探究。遇到此类情况,家长可以考虑一下这个问题有没有超出孩子理解的范围,切不可给孩子一个模糊的、不科学的观念。

◇ 当孩子遇到比较深奥的问题不能解决时,家长不要急于把正确的答案告诉孩子,也不要对孩子的问题敷衍了事,而是要引发孩子对相关的、他们能理解的问题进行讨论,从中获得有助于孩子解决问题的答案。

◇ 借助于相关的资料和现代网络进行了解,也可参考本书《水柱也能顶球?》进行游戏。

3 大雪后高速公路上为什么要撒盐和煤渣?

情景回放

昨天夜里下了一场大雪,5 岁 9 个月的冬冬和爷爷奶奶、爸爸妈妈围坐在一起看电视,新闻上报道:“今天上午多条高速公路封道,公路管理处正派人往公路上撒盐和煤渣,中午部分高速公路就畅通了。”冬冬很有兴趣地看着,妈妈问:“为什么要撒盐和煤渣呢?”冬冬想了想,说:“盐撒在雪上,雪可以化得快,煤渣是黑的,吸热,也可以使雪化得快。”爸爸问:“煤渣除了使雪化得快外,最主要解决什么样的问题?”冬冬挠挠头,说不知道。爸爸说:“撒了盐和煤渣,雪融化得快了,但冬天气温低,水不会很快蒸发,到了晚上气温下降,到了零点又会很快结冰,车子开在上面会打滑,会出事的,所以撒上煤渣,地面不会很滑,车子开在上面就安全了。”冬冬听得很认真,但似懂非懂。在这之后,爸爸和他共同查阅了有关资料,并做了一些小实验,进行冰的探究活动。

焦点扫描

5~6 岁的孩子正处在表象性思维阶段,抽象性思维刚刚萌芽,要他们对事物的现象和外显特征进行概括、推断并得出事物的本质特征是非常困难的,但他们对于经验范围之内的熟悉事物,都可以进行最简单的逻辑思维。这时，如果家长及时加以引导和帮助，使孩子在原有经验的基础上进行整合和迁移，就可以帮助他们建构新的经验。从上述案例可以看出，这家的父母是两个有心人，虽然孩子没有能力解决这个深奥的问题，但家长能进行平等的对话、巧妙的引导，和孩子一起共同查阅资料并进行实验，从而使孩子获得科学探究问题的能力。

教你一招

◇ 及时捕捉孩子心中有价值的问题，然后再把问题“还给”孩子，让他们“接过球”，投入新一轮的思考、探索中。上述案例的家长在与孩子“抛、接球”时，考虑到了孩子可能出现的探索兴趣，并关注了问题解决过程中探索资源的可获得性。

◇ 当孩子对比较深奥的问题不能独自解决时，家长不妨这样做：

① 留给孩子一定的空间和时间，让孩子自己去寻找问题的答案。

② 共同寻找答案：家长可以带领孩子一起观察、操作、查阅资料，去发现答案。

③ 适时点拨：家长的适时点拨就像久旱之雨，可以打开孩子的思路，激发孩子进一步探索的欲望，使孩子的能力在活动中得到最大程度的提高。

4 是雾还是雨?

情景回放

早晨,妈妈送月月到幼儿园,月月发现到处都是白茫茫的,每天看得很清楚的游乐场不见了,到处都飘着像毛毛雨一样的东西。月月很想知道这是什么,可是妈妈车子骑得很快,听不见她的问话。到了幼儿园门口,月月发现妈妈的头发、衣服上有一层密密的小水珠,再摸摸自己头上和脸上也是凉凉的、湿湿的,就说:“妈妈,下雨了。”妈妈笑着说:“呆丫头,这是雾不是雨。”月月着急起来:“不是雨怎么是湿的?”妈妈因为要赶着上班,就对她说:“以后告诉你。”以后几天都是大雾天,又刚好遇到星期天,妈妈分时段和月月到室外去感受、观察,并用温度计测量当时的温度,并让月月看相关的资料,使月月初步了解雾。原来深秋季节时昼夜温差大,空气湿度大,当温度低到空气不能容纳所有的水汽时,过剩的水汽便凝结成小水滴或小水晶,浮游在近地面的大气中,雾就形成了。

焦点扫描

孩子是好奇好问的,但这种求知的火花如果缺少了成人的关注,往往一闪即灭。从上述案例可以看出,这位母亲是比较优秀的,她虽然简单地告诉孩子是雾,但没有以此为结束点,而是抓住孩子的问题，发现问题潜在的教育价值。

教你一招

◇ 孩子的好奇好问，是思想感情的流露，是认识周围事物、探索周围世界的基础。遇到这类情况时，家长应关注孩子，如时间允许，可以和孩子与雾进行亲密接触，感知雾；如时间不允许，可以建议孩子去向老师或小朋友请教，再寻找恰当时机和孩子共同探究。

◇ 给孩子足够的时间、空间去探索，去尝试解答心中的问题，最重要的是培养孩子敢于大胆提问、善于发现问题、不断探索问题的精神，可参考本书《雾中嬉戏》进行游戏。

5 停电了，我来修

情景回放

吃过晚饭后，家里突然停电了，好看的电视也看不成，爸爸又刚好出差去了，怎么办呢？妈妈打电话请电工王叔叔来看看。王叔叔来了之后，用电工笔测测，发现原来是保险丝坏了，然后从随身带的箱子内拿出保险丝换上，闸刀一拉，灯就又亮了，将近6岁的小鸣别提有多高兴了。王叔叔走了之后，小鸣对妈妈说："下次家里停电，不要请王叔叔了，我就会修。""你会修？"小鸣很得意地说："我也用电工笔这里碰碰，那里试试，再拿上铁丝缠缠就行了。"听了小明的话，妈妈不以为然，以为是孩子说着玩的，就对他说："电很危险，不能玩。"果不其然，妈妈出去有事，小明一个人在家，他就用棍子、铁丝、小刀这里捣捣、那里擦擦，要不是爸爸回来，差点出大事。

焦点扫描

孩子好奇心强，好模仿、好摆弄，在任何时间、任何场所都可能有探索行为发生。从上述案例可以看出，这位母亲忽视了对孩子进行用电方面的安全知识教育，忽视了孩子可能发生的行为，没有想到孩子的一次模仿行为可能会成为一辈子的痛。

教你一招

◇ 遇到此类情况，家长一定要冷静，不要训斥孩子，一定要给孩子有关用电方面的安全知识教育，告诉他：电很危险，不能随意触摸插座、电线，不能在高压线下玩耍甚至放风筝，雷雨天不能躲在大树下、屋檐下。

◇ 可以与孩子共同查阅有关电方面的知识，还可以在不发生危险的情况下让孩子用手碰碰小灭蚊灯的电网，说说感受。与孩子做些小实验，可参考本书《小电珠通电》《摩擦生电》进行游戏。

6 神秘的小鸡喝水盘

情景回放

星期天，妈妈带毛毛到乡下外婆家玩。外婆家养了一群小鸡，小鸡一会儿吃米，一会儿捉虫子，毛毛蹲在那儿看得津津有味，妈妈喊他吃饭，他都没听见。毛毛发现小鸡围着有底盘的黄颜色的桶在喝水，大半天下来，底盘里的水还是一样多，一点都没少。他赶快喊妈妈来看，可妈妈也不知道为什么，就含糊地说："是不是这个倒扣的桶在慢慢漏水?"也许是妈妈的一句话给了他启发，他把桶往上拎时，发现有股吸力，拎上来时水一下子洒了。他仔细地看看：桶周围没有洞眼呀，怎么小鸡喝了水，而底盘里的水不会少呢?外婆看到他很纳闷，就对他说："你把水灌满，把底盘盖上，然后再倒扣过来，试试看。"第一次，由于人小，手的力气小，在倒扣时水洒了。第二次，在外婆的帮助下，倒扣成功了，然后他用小勺把水舀出来，最后发现倒扣的桶里一点水都没有了，原来是空气有压力。小明对今天的发现很高兴。

焦点扫描

意大利著名幼儿教育家蒙台梭利认为唯有通过观察和分析，

才能真正了解孩子的内在需要和个别差异，以决定如何协调环境，并采取应有的态度来配合幼儿成长的需要。从上述案例可以看出，这位母亲可能从来没有思考过这样的问题，所以只能给孩子模模糊糊的答案，但就是这个答案，更加激发了孩子探索的兴趣，而外婆给他的实践提示，使他了解了事物之间的奥秘。

教你一招

◇ 遇到此类情况时，家长应尝试以孩子玩伴的身份介入，有时可以故作悬念，不直接给予问题的答案，而是引领其去寻找解决问题的方法与途径。

◇ 给予孩子一定的暗示，并提出具有挑战性的问题，推动孩子按其自己的逻辑与方式进行有意义的探索。

◇ 当孩子有了自己的探索成果后，家长可以用欣赏的眼光或口吻表达自己的感受，使孩子在感受探索的快乐同时，体验母(父)子间的理解、合作与关爱，可参考本书《自动补水槽》进行游戏。

7 碟片里的动画片

情景回放

昨天，妈妈下班回家，给星星买了他最喜欢看的《蓝猫三百问》的碟片回来。星星特别高兴，吵着让妈妈快些放给他看。碟片开始放起来了，星星坐在沙发上摇着小脑袋老实地看起动画片，妈妈就去厨房忙着做晚饭。晚饭做好了，妈妈走出厨房一看，立刻火冒三丈，原来星星把她刚买来的另两片碟片全掰断了，正跪在地上摆弄着这些碎片。“你在做什么？谁让你把碟片掰断的！”星星看到妈妈很生气，有些害怕了，小声地说：“我想看一看。”“怎么看？这是放在机子里看的！现在弄坏了，还怎么看？”说着，妈妈就生气地打了星星几下屁股。星星伤心地哭了起来。“以后，再也不给你买碟片了。”妈妈还在为星星的错生着气。直到星星保证以后再不乱破坏东西，妈妈才原谅了星星犯的错误。

焦点扫描

孩子有着强热的好奇心和探索欲，很多科学家成长的例子都表明“个体在儿童时期对自然进行科学探索，可以进一步强化个体对周围自然界的探索精神，使儿童内在的求知欲望燃烧得更为炽烈，为进一步从事科学研究奠定坚实的基础”。星星因为好奇“为什么光光的碟片上会有蓝猫，蓝猫在哪呢”，所以才掰开了碟片，并不是想破坏，而是在思考与探索。而妈妈则更在意星星是在破坏东西，所以她要制止星星的这种行为，让星星认识到破坏东西是不对的，会受到惩罚。而实际上，妈妈的这种行为遏止了星星对碟片的好奇和进一步探索的欲望。同时，星星的妈妈也过于武断，缺乏与孩子的沟通，认为孩子的“调皮性”行为都是因为孩子不懂事，而没有认识到孩子的很多行为是有原因的。

教你一招

◇“好奇心”是学习的强大动力，作为成人，我们应该保护孩子的好奇心。遇到这种情况，家长可以通过和孩子一起寻找资料等途径帮助孩子获得答案。这样既保护了孩子的好奇心，也增长了孩子的知识，而且在他知道真相以后，所谓的“破坏”行为自然也就没有了。

◇ 问一问孩子：“你为什么这样做?”了解他的动机之后，再对幼儿的行为对错做出判断，这也是对孩子的一种尊重。

◇ 对于孩子的这种行为，家长可以和孩子共同讨论，让孩子了解他的这种行为带来了什么样的后果。

8 树枝上黑色的小鼓包

情景回放

前些日子,5 岁 10 个月的辉辉和爸爸妈妈去郊游,回来的时候带回了好几根干的小树枝。一到家,爸爸就带着辉辉找来花盆和泥土,小心地把几根小树枝种了下去。原来,在郊外玩的时候,辉辉发现好些小树枝上有黑色的鼓包。他不知道那是什么,爸爸妈妈也都没有告诉他,而是让辉辉带几根小树枝回家,还跟他说:“你把小树枝栽到家里,过段时间就会知道这些小黑包是什么了。”种完小树枝之后,辉辉每天都精心地去照顾这几根小树枝,一从幼儿园回来,就迫不及待地跑到小树枝前去看那些小黑包。终于过了一段时间后,辉辉发现了小树枝上有一个绿绿的、小小的刀螂(学名螳螂),在小黑包的边上爬动着。这个发现让辉辉异常兴奋,大声地喊着:“妈妈快来看啊! 小黑包变成了小刀螂,小黑包是刀螂子!”

焦点扫描

“要尽量创造条件让孩子实际参加探究活动。”孩子并不是一个事事依赖我们的呆滞的生命,不是一个需要我们去填充的空瓶子，不需要我们总是告诉他"为什么""是什么"。辉辉的父母帮助他种下小树枝，给他创造观察的条件，而辉辉在坚持观察的情况下不仅找到了答案，也感受到科学探究的过程与方法，体验到发现的乐趣。同时，具体形象思维是幼儿期思维发展最主要的特点。比起数学和音乐等领域的智能，幼儿在科学方面的智能更多地基于真实世界的经验。辉辉的父母就是让孩子自己在观察实践中认识到了的变化过程，比起枯燥抽象的语言描述效果要好得多。

教你一招

◇ 针对孩子的兴趣、年龄、需求和能力，鼓励和重视孩子与此相适应的操作探索。成人要注意观察孩子的实践过程，可适当地给一些建设性的引导，但避免干预。

◇ 如果所发生的事情在一定时间内可以看到结果，就应让孩子去等待、去观察发现、去寻找答案。

9 太阳的味道

情景回放

妈妈正在给 5 岁 6 个月的小朵讲《七色光》的故事，当妈妈说到太阳有七种颜色时，小朵给妈妈出了道难题："太阳光有七种颜色，那它是什么味道啊？"妈妈一下子被小朵问得没有反应过来，太阳怎么会有味道呢？小家伙还沉浸在自己的想象中。"妈妈，太阳光是红的、酸的，西红柿也是红红的，和红光一样。"妈妈听小朵这么说，觉得很有趣，也说道："太阳光是绿的、辣的，绿光把辣椒照得绿绿的、辣辣的。"小朵也来劲了，就和妈妈一起你说一个我说一个，最后，太阳光变成了"五味光"。小朵特别开心，自己给太阳光取了个好听的名字。

焦点扫描

孩子有着丰富的创造潜能，活在自己的童话世界里，他们认为月亮会跟着自己走，认为月亮上有着可爱的小白兔……而在成人看来，孩子的这些想法是多么幼稚，于是他们会告诉孩子冷冰冰的真相。教育应该是在个体发展过程中不要忽视和压抑孩子那些美好的纯真的天性，而让宏观世界继续存在于个体的发展过程中。

美国学者史蒂芬·利汉斯说:“2～6 岁是创造性发展的关键期,如果不能及时加以培养,那么创造性在以后的生活中便很难再被激发出来。”小朵的妈妈并没有用成人的思维来评价孩子的想法,而是和小朵一起大胆地想象。这对小朵来说,是一种支持与鼓励,使她愿意去想象,培养创造性的个性萌芽。

教你一招

◇ 孩子的世界是充满想象、游戏的世界,家长要尊重孩子的世界,不要以成人的标准来要求孩子。

◇ 可以通过丰富孩子的知识经验、有目的地引导孩子进行有意想象,在孩子原有知识水平的基础上,通过逐步提高要求等方法来提高孩子的想象力和创造力。

◇ 下雨后,可以让孩子看水蒸气在太阳光的照射下有什么颜色。如果雨后天空出现彩虹,家长可以引导孩子观察,也可以进行一些小实验如吹肥皂泡泡,让孩子探索太阳光有七种颜色,还可参考本书《彩虹》进行游戏。

10 水面上看风景的鱼儿

情景回放

夏天的一个傍晚,天气非常闷热,妈妈带着 5 岁 9 个月的晓晓在家门口的市民广场上纳凉。突然,晓晓惊喜地叫着:“妈妈快看,池塘里有许多小鱼呢!”果然,池塘里有许多小鱼在水面上游来游去。晓晓扶着栏杆身心投入地看起小鱼来,还不时地给每个小鱼起名字。“晓晓,平时你看见过水面上有这么多鱼吗?”妈妈在一旁问道。“有时有,只有几条,今天最多。”“那为什么今天这些小鱼都会游到水面上来呢?”“它们待在水下太闷了,想上来看看风景,透透气。”“为什么要上来透气?下面没有气吗?”妈妈接着问。晓晓想了想,说:“它们天天待在水下,空气被吸光了,没有新鲜的空气。”“说得真好,”妈妈鼓励后有意地引导,“你觉得今天的天气怎么样?”“今天的天气很热,也很闷,好像要下雨呢。”妈妈这时候告诉晓晓:“对,下雨前,气压非常低,水里的氧气也减少了,小鱼吸不到水里足够的氧气,就游上来呼吸新鲜空气里的氧气,它是我们的气象预报员。还有许多小动物也有这种本领,你想不想知道?”这时候晓晓求知的眼神转向妈妈,妈妈利用这个机会给他讲了《小白兔躲雨》的故事。回家的路上,晓晓又有了许多新的发现。

焦点扫描

依据心理发展的特点，幼儿期的思维从总体上看属具体形象思维，对思维的理解表面化、简单化，但 5～6 岁的幼儿其抽象逻辑已开始出现。晓晓的妈妈通过循序渐进的引导提问，丰富了晓晓的感性经验，指导他理解事物之间的关系和事物的本质属性，促进了孩子的思维发展。同时，从上述案例中，我们也应该体会到：生活即教育。晓晓妈妈有一颗仔细观察的心和一双善于捕捉教育契机的眼睛，及时发现有教育价值的点点滴滴，使晓晓在生活中获得更大的进步。

教你一招

◇ 家长的提问应是开放式的，少给孩子判断性的提问，注意问题间的相互关联性，引导孩子总结事物间的内在联系。

◇ 有的问题我们可以当场帮助孩子做出解答，当我们不知道答案时，可以和孩子一起通过书本、上网查阅或向专家请教等形式共同寻找答案，也可参考本书《你知道暴风雨要来吗？》进行游戏。

1 你知道暴风雨要来吗?

游戏导航

◇ 了解下雨前动物的特殊反应。

◇ 培养探索自然现象的兴趣。

玩法指南

1. 家长和孩子到菜市场买些小泥鳅,到没受到污染的小河里取一些河水,打捞一些水草,挖一些淤泥。

2. 将淤泥放在透明的玻璃瓶底,再盛入 2/3 杯河水,放些水草,放入泥鳅饲养。

3. 暴风雨来临之前,让孩子说说自己的感受。(闷,天上灰蒙蒙的……)

4. 晴天时观察瓶中的泥鳅。(比较平静)下大雨前引导孩子观察泥鳅又变得怎样了。(上下翻动,游到水面上来)为什么?(气压低,水中氧气缺乏,为了得到足够的氧气,泥鳅就游到水面

上来了）

友情提醒

◇ 培养孩子能较长时间观察事物的习惯。

◇ 引导孩子观察下雨前还有哪些动物有变化。（蚂蚁往高处搬家，蛇出洞，蜻蜓低飞等）

2 看谁承载多

游戏导航

◇ 知道物体的形状改变与承载重物的关系。

游戏玩法

1. 将铅画纸平放在两块中型积木上,每段与积木重叠1~2厘米,如同平面桥,桥上放硬币,看看可以承载多少硬币。

2. 将同样大小的铅画纸以拱形桥方式夹在两书本之间,往桥上放同样多的硬币,看看铅画纸桥可以承载多少硬币。

3. 铅画纸竖向折成瓦楞状,置于积木上,一枚一枚往上放置硬币,倒塌时再数一数硬币有几枚,让孩子比较一下哪座桥承受的重量大。

4. 铅画纸横向折成瓦楞状,置于积木上,一枚一枚往上放置硬币,倒塌时再数一数硬币有几枚,让孩子比较一下哪座桥承受的重量大。

5. 孩子给承载重量最大的桥竖一面红旗。

友情提醒

◇ 在日常生活中引导孩子观察桥的造型,上网查阅关于桥的

资料,共同探讨各种造型的作用。(美丽、坚固)

◇ 尽量让孩子自己动手操作,观察比较,帮助孩子总结:折成瓦楞状的桥能够使重量分布均匀。

◇ 鼓励孩子将纸折成不同的形状,看看可以承受多少重量。

3 有趣的吸力

游戏导航

◇ 发现周围事物间的奥秘。

◇ 增进探索的乐趣。

玩法指南

1. 父母和孩子一起收集各种不同形状、不同材质的梳子，父母让孩子用不同的梳子帮妈妈梳头，鼓励孩子进行充分的探索尝试：什么样的梳子梳头发时头发会飘起来？

2. 孩子在家里找一找，尝试其他东西是否也能使头发飘起来，让孩子通过尝试后归类。

3. 塑料东西摩擦后除了吸头发外，能不能吸其他东西？

4. 让孩子玩玩泡沫，看看手上会有什么。

友情提醒

◇ 家长应为孩子提供一个能充分探索的空间和时间，鼓励孩子探索，获得相关经验。

◇ 根据孩子的喜好，进行相关内容的尝试。

◇ 提供的物品应安全、卫生。

4　水柱也能顶球？

游戏导航

初步认识水有压力。

玩法指南

1. 把洗衣机水管一头接在水龙头上，将一段5厘米长的竹管或PVC管（比洗衣机水管细）塞在另一头，用布条缠紧，使之与水管吻合，将竹管或PVC管捆在板凳腿上（竹管或PVC管的出口朝上）。调整水龙头流量，使射出的水柱高度保持在1米左右，如水的流量比较小，可使用增压泵。

2. 让孩子将乒乓球轻放在水柱上，乒乓球就会被吸在水柱顶部不停旋转，细小的水滴沿乒乓球的切线方向不断喷出。

3. 让孩子用手横切过水柱，看看乒乓球有什么变化。（乒乓球会上下跳动）

友情提醒

◇ 最好在淋浴房或室外比较大的地方进行游戏，以免地面和孩子身上被打湿，并注意防滑。

◇ 可以把其他物品放在水柱上，看看能不能被顶起来。

5 油溶于水吗?

游戏导航

◇ 了解油溶于水的常识。

玩法指南

1. 将油滴入清水盆中,让孩子看看油浮在水面上。

2. 用嘴轻轻吹油块,让它变形、移动,并让孩子想象吹出的图形。

3. 将油和水分别倒入瓶中,看看有什么变化。(油浮在水上)

4. 盖好瓶盖使劲晃动,看看发生了什么变化。(油和水混合了)

5. 停止晃动,把瓶子放在桌上静止一会儿,再看看有什么变化。(油和水分开了)

友情提醒

◇ 可在日常生活中进行实验,如在菜汤、果汁等其他液体中滴入油,看油能不能与之混合。

◇ 在油和水中滴入洗洁精,让孩子看看有什么变化。

◇ 注意一些安全知识教育,如油着火了,不能用水去浇,而应用沙子去覆盖。

6　马铃薯上的细菌从哪里来?

游戏导航

◇ 微生物可在马铃薯上繁殖。

◇ 养成讲究卫生的好习惯。

玩法指南

1. 室外活动后,家长将孩子一只手用肥皂、清水洗净,另一只手不洗。

2. 用酒精擦干净小刀,将洗净的马铃薯用小刀切成两半,让孩子分别用两只手在两块马铃薯上擦摸几下。

3. 将马铃薯切面向上放在玻璃上,用两只玻璃杯分别罩上(室温保持在 16℃以上)。

4. 几天后,让孩子观察、比较两块马铃薯切面上有什么变化,并说说为什么会有这种变化。

友情提醒

◇ 在这一游戏中,家长应为孩子提供一个比较宽松的环境,引导孩子观察，主动建构知识。

◇ 根据孩子的情况，可运用其他物品替代进行，如苹果。

◇ 为了提高孩子观察的兴趣，可以教会孩子用记录的方法记录马铃薯的变化。

7　动物怎样睡觉?

游戏导航

◇ 了解各种动物不同的睡觉方式并进行分类。

玩法指南

1. 家长问孩子:“你什么时候睡觉?在哪儿睡?怎样睡?”

2. 出示动物图片,问:“这是什么动物?它是什么时候睡觉的?在哪儿睡?怎样睡?”

3. 出示动物睡觉图片,让孩子了解各种动物睡觉的姿势。

4. 请孩子分类。白天睡觉的:蝙蝠、蟾蜍、猫头鹰。睁眼睡觉的:猫头鹰、鱼。在树上睡觉的:鸟、松鼠、熊猫。站着睡觉的:马、象、仙鹤、鹭鸶等。

5. 让孩子学一学动物睡觉的姿势。

友情提醒

◇ 家长应为孩子提供一个交流、探索的氛围,有意识地帮助孩子积累相关的知识经验。

◇ 对于不太了解的知识,可以通过查阅资料等形式,丰富孩子相关的知识。

8 杯子能吸住硬卡纸吗?

游戏导航

◇ 初步感知空气压力。

◇ 大胆尝试探索事物间的奥秘。

玩法指南

1. 家长在空的玻璃杯上盖上硬卡纸,一手扶杯子,一手扶硬卡纸,同时翻转过来,使杯口朝下,扶着硬卡纸的手放开,看一看:硬卡纸会掉下去吗?让孩子猜测、观察。同样方法,进行杯子盛满水的试验。

2. 孩子尝试操作,家长辅助指导。

3. 思考并操作在使用空杯子时,怎样使硬卡纸不掉。

盛满水的杯子,硬卡纸有时会掉,有时不会掉,为什么?

尝试操作半杯水的杯子,然后扣上硬卡纸,倒过来,看一看:硬卡纸会掉吗?

4. 家长和孩子一起操作。

空杯子里放入燃烧的纸片,等火熄灭后,立即将硬卡纸盖在杯口上,再倒过来,硬卡纸会怎样?

友情提醒

◇ 父母和孩子共同游戏，家长应为孩子提供一个探索的空间和氛围，引导孩子观察、感知空气的压力。

◇ 提供的杯子应以孩子能握住的大小为准，注意安全。

9 小电珠通电

游戏导航

◇ 引起对电的兴趣。

◇ 正确认识电,注意安全用电。

玩法指南

1. 家长和孩子一起收集相关物品:电池,小电珠,电线若干,导体材料(铁夹、曲别针、金属制的小勺),绝缘材料物件(木夹、塑料夹、玻璃小瓶)。

2. 家长把电线一端与电珠接好,另一端让孩子拿着去接触电池的任何部位,试试:电珠亮吗?

3. 让孩子选择收集的物品,家长把孩子选择的物品接在电珠上,再接触电池的另一端,看看:电珠亮吗?

4. 多次和孩子操作,让孩子发现有些物体通电,是导体材料;有些物体不通电,是绝缘材料。

友情提醒

◇ 可以让孩子自己寻找材料进行实验。

◇ 对孩子进行日常生活安全用电的知识教育。

10　摩擦生电

游戏导航

◇ 引起对摩擦生电的兴趣。

◇ 培养实验、探索的能力。

玩法指南

1. 让孩子用塑料笔杆去吸碎纸屑，看一看塑料笔杆能把纸屑吸起来吗？

2. 请孩子用塑料笔杆在手上、头发上或衣服上不断地摩擦，再用塑料笔杆去吸碎纸屑，笔杆就能吸起碎纸屑了。

3. 让孩子动脑筋：怎样使乒乓球在桌上滚动？（塑料笔杆一端不断在衣服上或头发上摩擦，将它靠近一个乒乓球，乒乓球就能移动了）

4. 让孩子摩擦两块化纤布，然后去贴近头发、纸屑，看看有什么变化。

友情提醒

◇ 父母应为孩子提供一个空间，让孩子在使用材料的过程中主动学习与发现。

◇ 可根据孩子的情况，提出要求，用其他物品代替，引导孩子探讨生活中的一些现象。

11　雾中嬉戏

游戏导航

◇ 运用多种感官感知雾的特性。

玩法指南

1. 大雾中,家长和孩子到一个比较开阔的地方,向远处眺望,看看雾是什么样的。了解一下雾对我们的生活有什么影响,体会在大雾中有什么感觉。

2. 玩“红绿灯”游戏。家长当“红绿灯”,孩子当“开汽车的司机”。家长在开着的手电筒上蒙上红布当红灯,蒙上绿布当绿灯,蒙上黄布当黄灯,红灯亮时司机就要停车,绿灯亮时司机就要行驶,黄灯亮时司机就要放慢速度,否则就要停玩一次或者家长和孩子交换角色重新玩。

3. 起大雾时,在比较大的叶面、玻璃上用手指自由地画,了解此时物体表面的水珠与雾的关系。

4. 找一找,什么东西表面有水珠?什么时候会有水珠?为什么?

友情提醒

◇ 家长应和孩子一起去探索、体验，注意安全，同时提醒孩子：如果天气预报是霾，尽量待在室内。

◇ 让孩子看看有关大雾的电视新闻。

12 区别烟和水蒸气

游戏导航

◇ 培养观察、比较能力。

◇ 形成正确的科学知识。

玩法指南

1. 点燃小纸筒,拿一片玻璃片遮在上面,让孩子观察玻璃片有什么变化。闻一闻,是什么味道。等玻璃凉了,让孩子用手摸一摸,看看手上有什么。

2. 点燃煤气灶,上面放一小锅水,等锅里水沸腾,水蒸气徐徐上升时,用另一片玻璃片遮着上升的水蒸气,观察玻璃片上有什么变化。让孩子用手摸一摸,看看手上有什么。

3. 区分烟和水蒸气,观察平时生活中哪些地方有烟,哪些地方有水蒸气。

友情提醒

◇ 为孩子提供一个探索的环境和氛围,通过操作来区分烟和水蒸气。

◇ 给孩子进行一次科学的安全教育知识。

13 彩 虹

游戏导航

◇ 了解光是七色的。

玩法指南

1. 在晴天,孩子背朝太阳站着,向空中用喷雾器或用嘴喷一口水,引导幼儿顺着喷水的方向看,空中出现了美丽的彩虹。

2. 将一只无色透明的玻璃杯盛满清水斜搁在窗台上,地上放一张白纸,调整玻璃杯的角度和白纸的位置,看看纸上出现什么。(彩虹)

3. 太阳斜射入水盆,平面镜斜置在水盆里。让孩子观察发现墙上的光波是彩色的,如天上的彩虹。

友情提醒

◇ 在此游戏中,家长应当为孩子提供一个动手操作和探索的环境,鼓励孩子去发现自然界的自然现象。

◇ 提供的物品和材料应安全。

14　神秘的糖水

游戏导航

◇ 观察了解糖的溶解过程，并能用语言表达其发现。

◇ 知道糖水的特殊用途。

玩法指南

1. 观察糖的溶解过程，激发孩子的探索兴趣。

提供糖和一小半杯温开水，让孩子做糖溶于水的实验，引发孩子观察思考：糖到哪里去了？水有了什么变化？可以让孩子尝一尝水变成什么味道了。

2. 让孩子用毛笔蘸些糖水，在纸上写字或画图画，然后晾干，看看字、图画哪去了。

3. 晾干后，将纸张用打火机的火稍微烤一烤，看看有什么变化。

友情提醒

◇ 让孩子试试看，除了糖水，还有哪些液体可以做隐形墨水。

◇ 教育幼儿安全用火、用水，操作时要有成人在旁边。

15 怎样区别自来水和食盐水

游戏导航

◇ 学会运用一些方法正确区分自来水和食盐水。

玩法指南

1. 准备好一杯清水,往这杯清水里先滴入一滴清水,看看有什么变化;再滴入一滴食盐水,看看跟刚才的变化是否一样。(盐水有向下短暂的扩散流动现象,而自来水没有)

2. 在不锈钢汤匙中放两三滴自来水,在烛火上端加热,水蒸发后有什么现象?再放两三滴食盐水加热,比较看看。(盐水加热蒸发后,盐水会留下少许的白色粉末即食盐,而自来水就没有)

3. 把盐水和自来水放在太阳光下,过一段时间后让孩子观察比较,区分盐水和自来水,说说是怎样区分的。

友情提醒

◇ 除了上述方法,还有什么方法可以区别自来水和食盐水?激发孩子探索的兴趣。

◇ 注意节约用水和安全教育。

16 蛋可以浮出水面吗?

游戏导航

◇ 初步了解物体的相对密度比水大,物体就下沉。

玩法指南

1. 在大玻璃杯中倒入五六分水,然后把蛋放入水中,家长让孩子猜测,蛋是否会浮起来。

2. 怎样使蛋浮出水面? 提供盐,让孩子往玻璃杯中慢慢加盐,并加以搅拌,看看蛋是否会浮起来。

3. 如果蛋浮上来,怎样使它沉下去呢?(慢慢再加入清水,同时轻轻搅拌,蛋就慢慢沉下去了)

友情提醒

◇ 提供的杯子要深,杯口要大。

◇ 家长为孩子提供生鸡蛋进行实验。

◇ 可进行检测其他溶液相对密度的实验,如糖水。

17 自动补水槽

游戏导航

◇ 知道大气压力。

玩法指南

1. 把两块木板(30 厘米×20 厘米)装拼成 L 字形,并用铁钉固定好,作为水槽基座。

2. 在平底浅盘中注入 2.3 厘米深的水,放在基座的底板上作为水槽。

3. 将大塑料饮料瓶注满水,倒过来瓶口朝下,并与水槽水面接触,用橡皮条将瓶子固定在侧板上,就成为一个自动补水槽。

友情提醒

◇ 可借助现成的材料,如椅子等,或把瓶子吊起来,瓶口压住底板。

◇ 现在养宠物的家庭很多,可以让孩子看看自动喂食器、喂水器是怎样自动喂食、喂水的。

◇ 注意水不要洒在地板上,以免打滑。

18 土豆宝宝

游戏导航

◇ 了解土豆的生长过程，体悟生长的秘密。

玩法指南

1. 取一只刚发芽的土豆放在花盆中的泥土表面，然后盖一片瓦，将花盆置于室内，每隔一段时间将花盆浸在水里，让泥土吸足水分。

2. 隔比较长的一段时间后，掀开瓦片让孩子看看，原来的土豆有了什么变化？（变小）在它的周围又有什么新变化？（出现一群新“宝宝”）

3. 引导孩子观察马铃薯是块茎，上有芽眼，萌发后能长出茎、叶，成为一棵新的植物。

友情提醒

◇ 为孩子创设观察、比较的氛围。

◇ 教会孩子记录的方法，让孩子为土豆的生长过程做记录，进一步提高幼儿观察事物的兴趣。

◇ 引导孩子看看生活中，还有哪些是块茎，并尝试进行种植。

19 有趣的玩具

游戏导航

◇ 通过探索了解玩具是靠惯性、发条、电能等动力动起来的 。

◇ 乐于参加探索活动,并有良好的操作习惯,能用恰当的语言讲述自己的探索过程和结果。

玩法指南

1. 让孩子自由摆弄惯性玩具、电动玩具、拖拉玩具、机械玩具(有发条)、拼搭玩具,让孩子说说玩的是什么玩具,是怎么玩的?为什么有的玩具会动?(因为有电池或因为要拧紧发条)为什么有的玩具不能动?(需要拼搭)

2. 家长引导孩子对玩具进行归类:需要电池的叫电动玩具,需拧紧发条的叫发条玩具,还有拼搭玩具、拖拉玩具等。

3. 找玩具:家长让孩子拿电动玩具,孩子能迅速找出。或者孩子拿一玩具,家长问:“你拿的是什么?”幼儿回答。

4. 家长出示打开的发条玩具、电动玩具让孩子观察:为什么拧了发条、打开开关玩具就会动起来? 让孩子看看电动玩具装有电池,开关打开,电源接通了,就会动起来。可以让孩子认识电池有正负极，让孩子尝试给电动玩具装电池。

友情提醒

◇ 家长在平时与孩子玩耍时，应引导孩子进行观察，积累相关的知识经验。

◇ 在孩子都接触过上述玩具的基础上，尝试给玩具分类。

◇ 带孩子到玩具商店看看除了上述玩具外，还有什么更先进的玩具，带孩子看看遥控玩具和带有录音的玩具。

20 你会辨别生蛋和熟蛋吗?

游戏导航

◇ 运用生活经验,正确区分生蛋和熟蛋。

玩法指南

1. 拿出生蛋和熟蛋,请幼儿从外观上区分生蛋和熟蛋。(生蛋比较光滑且有光泽;熟蛋毛孔粗,色泽黯淡)

2. 将平放的蛋旋转看看,生蛋和熟蛋有什么不同?(生蛋不容易旋转)

3. 将生蛋和熟蛋竖立旋转看看,有不同吗?(生蛋不容易旋转)

4. 将生蛋和熟蛋都浸入茶水中,1 小时后看看有什么变化?(熟蛋较容易染成茶褐色)

5. 生蛋和熟蛋迎着灯光或太阳光照,有不同吗?(光线能照进生蛋,而熟蛋则不能)

友情提醒

◇ 家长引导孩子观察,培养运用生活经验的能力。

◇ 提醒孩子旋转鸡蛋时动作要轻,不要把生鸡蛋打破,最好在地板上孩子可观察到的地方进行游戏。

后记

瑞士心理学家皮亚杰认为：儿童是学习的主体，儿童知识的获得是儿童与环境中的人和事物相互作用的结果，是儿童参与活动、不断建构认知结构的过程。

中国现代儿童教育之父陈鹤琴将儿童心理特征归纳为四个主要方面，即所谓“四心”——好动心、模仿心、好奇心、游戏心，他认为：教育不仅仅是要尊重儿童身心发展规律，更重要的是，“四心”是儿童获取知识、发展技能技巧、培养创造力、适应社会的前提和基础。

意大利著名幼儿教育家蒙台梭利认为“孩子需要外界的刺激来启发，像光线、声音、气味、口味、碰触，从局部到整体，环境要能吸引孩子的注意力，并让孩子产生主动探索的欲望。我们可以说，孩子跟他周围的环境之间存在着一种亲密的社会关系，通过这种关系，孩子的智力与人格就能正常发育。”

本书在案例解读和边玩边学中应用了几种常见的教育方法，与家长共同学习。

(1) 感知操作探索法。这是孩子学科学的主要方法，让孩子在看看、听听、摸摸、闻闻、尝尝等活动中感知事物、认识世界；在自己动手摆弄、操作、探索中进行观察和思考，发现问题、解决问题。

根据孩子思维具有直观形象的特点，对发现的问题在相应的游戏中让孩子亲自感知和操作，从感知着手，在感知中探索，让孩子不断地积累经验，主动地积极思维。如让孩子区分熟蛋和生蛋，让孩子剥、闻、尝、看、比，并和孩子做实验，使孩子的感官得到综合运用，对已有的经验进行归纳总结，再不断地发现新的问题，获取新经验。

(2) 情趣诱导法。这是创设一定的环境和情境，以引发孩子探究欲望和学习主动性、积极性的一种方法。使不少看来枯燥的知识技能变得贴近孩子，深深吸引孩子的兴趣，从而为无意注意向有意注意的转化打下良好的基础。

(3) 设疑表述法。设疑是根据孩子的发现和提出的疑问，设置一些问题和悬念，力求用问题引发孩子不断探索的欲望；设疑之后让孩子表述，就是让孩子用自己的方式来表达自己听到、看到、想到的，通过表述帮助孩子提高总结和归纳的能力，以促进孩子分析、判断、综合能力的发展。

科学可以启发儿童的智慧，游戏则带来心灵的欢乐。本书关于孩子的科学活动和边玩边学的编排原则是从孩子们生活中常见的事物、现象开始，让父母以日常生活中唾手可得的材料为基础，制造与孩子共同参与科学活动的机会，让孩子体验科学生活化的面貌，理解科学对生活的实际意义，发现和感受周围世界的神奇，体验和领悟到科学就在身边，从而激发孩子学习科学的兴趣，培养孩子真正的内在探究动机、保持永久的好奇心和探究欲望，并促进亲子之间的融洽关系。

新时代已向传统的家庭教育提出了挑战，呼唤家庭教育的新视角。面对多变的世界和信息化时代，做家长的应该重视用科学知识去武装孩子的头脑。本书的案例解读和科学小游戏由区级幼教教研员、市级骨干教师和幼儿园骨干教师根据现代教育理论和长期的教育教学经验编写而成，注重科学性、趣味性、可操作性，家长从中可领会到一些引导孩子探索世界的思路和方法，通过与孩子共同游戏启发孩子的求知欲，引领孩子步入科学的领域，与孩子一起在神奇的大自然中遨游，发展潜力，实现自我。

王　沛